# 经济增长、环境规制与技术进步研究

## ——以广西百色重点开发开放试验区为例

陆丹丹◎著

西南财经大学出版社

中国·成都

图书在版编目(CIP)数据

经济增长、环境规制与技术进步研究:以广西百色
重点开发开放试验区为例/陆丹丹著.--成都:西南财经
大学出版社,2024.8.--ISBN 978-7-5504-6350-9

Ⅰ.F127.673;X321.267.3

中国国家版本馆 CIP 数据核字第 20242SJ619 号

经济增长、环境规制与技术进步研究——以广西百色重点开发开放试验区为例

JINGJI ZENGZHANG、HUANJING GUIZHI YU JISHU JINBU YANJIU:YI GUANGXI BAISE ZHONGDIAN KAIFA KAIFANG SHIYANQU WEI LI

陆丹丹　著

策划编辑:杨婧颖
责任编辑:林　伶
助理编辑:陈婷婷
责任校对:李　琼
封面设计:墨创文化
责任印制:朱曼丽

| | |
|---|---|
| 出版发行 | 西南财经大学出版社(四川省成都市光华村街55号) |
| 网　址 | http://cbs.swufe.edu.cn |
| 电子邮件 | bookcj@swufe.edu.cn |
| 邮政编码 | 610074 |
| 电　话 | 028-87353785 |
| 照　排 | 四川胜翔数码印务设计有限公司 |
| 印　刷 | 四川五洲彩印有限责任公司 |
| 成品尺寸 | 170 mm×240 mm |
| 印　张 | 13.25 |
| 字　数 | 216 千字 |
| 版　次 | 2024 年 8 月第 1 版 |
| 印　次 | 2024 年 8 月第 1 次印刷 |
| 书　号 | ISBN 978-7-5504-6350-9 |
| 定　价 | 88.00 元 |

# 序言

    在全球化与区域经济一体化的浪潮中，城市群作为区域经济发展的重要载体，其经济增长的动力机制、环境规制的有效实施以及技术进步的推动作用，已成为学术界与政策制定者关注的焦点。区域经济增长与环境规制、技术进步之间的复杂关系，也是现代资源环境及经济发展研究领域不可回避的重大课题。包括广西百色重点开发开放试验区（以下简称"百色试验区"）在内的广西北部湾城市群经济在快速增长的同时，也面临着环境保护与可持续发展的严峻挑战。如何在保持经济活力的同时，有效实施环境规制政策，促进技术进步，实现经济、社会、环境的和谐共生，是摆在广大理论工作者面前的一项重要课题。

    由广西财经学院陆丹丹博士撰写的专著《经济增长、环境规制与技术进步研究——以广西百色重点开发开放试验区为例》，正是基于时代背景与现实需求，对广西北部湾城市群的经济增长模式、环境规制政策以及技术进步路径进行的全面而深入的探讨。首先，该书系统地梳理了国内外关于经济增长、环境规制与技术进步的相关理论与研究成果，通过对现有文献进行深入剖析，系统总结了前人的研究成果，对广西北部湾城市群的经济增长现状、环境规制效果以及技术进步水平进行了系统评估。在此基础上，该书进一步探讨了如何通过优化环境规制政策、促进技术创新与成果转化，来推动广西北部湾城市群实现更高质量、更可持续的经济增长。其次，该书从定量和定性两个角度出发，分别从环境库兹涅茨曲线、环境规制对环保产业发展的作用机制、环境规制对经济增长的中介效应、环境规制影响工业环境效率的作用机制、碳排放视域下的环境规制政策、企业绿色技术创新和环境规制的政策工具效应等多个方面，对百色试验区进行了深入细致的研究。最后，基于前述分析和研究成果，该书提出了一系列旨在提升百色试验区环境规制效能、推动高质量发展的策略建议，这些建议既体现了对前文研究成果的深化与应用，也展现了作者对区域经济发展与环境保护和谐共生美好愿景的期许。

该书通过理论梳理、现状分析、比较研究、机制探索及策略建议等多个维度的深入研究，为广西北部湾城市群特别是百色试验区的经济增长、环境规制与技术进步问题提供了全面而深刻的解答。相信该书的出版，将有助于推动学术界对广西北部湾城市群乃至更广泛区域的经济增长、环境规制与技术进步问题进行深入研究，从而为相关政策的制定与实施提供有益的参考。同时，也期待该书的出版能够激发更多学者和实践者对于区域经济发展的关注与思考，共同为推动中国经济社会的全面、协调、可持续发展贡献力量。

本人非常高兴看到陆丹丹博士在经济增长、环境规制与技术进步方面所做的潜心研究。她的研究成果曾以研究报告的形式提交政府有关部门，该书是她近年来学习和研究的总结。在撰写该书期间，作者阅读了大量的专业文献，并结合实际进行了深入的调研。我对作者严谨的科研作风和扎实的学术功底感到欣慰。有关经济增长、环境规制与技术进步关系的研究属于热点和难点，待探索和破解的难题还很多，希望该书的出版能进一步推动学术界对经济增长、环境规制与技术进步等问题进行更深入的探讨，我也乐意向广大读者推荐该书。

是为序。

2024 年 7 月

# 前言

　　在全球化的今天，环境保护与经济增长的和谐共生已成为全球性的重大课题。广西百色重点开发开放试验区（以下简称"百色试验区"）作为广西对外开放的重要门户，其经济发展和环境保护受到当地政府和社会公众的广泛关注。因此，探讨百色试验区经济增长、环境规制与技术进步之间的关系与作用机制具有一定的理论和实践意义。

　　在研究方法上，本书采用文献分析法、访谈法、实地考察法等多种研究方法，力求将理论与实践相结合，对百色试验区进行全面而深入的分析。本书还综合采用了多种学科知识和方法，包括计量经济模型、数据包络分析等，构建了详尽的指标体系和计量模型，对百色试验区的环境规制进行了科学的测度和实证分析，以期为后续的相关研究提供新的视角和工具。

　　在研究内容上，本书涵盖了百色试验区的经济增长、环境规制与技术进步现状，环境规制对环保产业发展的作用机制和中介效应，环境规制影响工业环境效率的作用机制，碳排放视域下的环境规制政策分析和政策工具效应，以及环境规制、技术创新与百色试验区高质量发展之间的关系等多个方面。这些研究内容不仅全面揭示了百色试验区在环境规制和技术进步方面的实际情况，还深入剖析了这两者如何共同作用于百色试验区的经济增长，为制定科学合理的环境规制政策提供了有力的理论支撑和实践指导。

　　本书的研究不仅具有重要的理论价值，为百色试验区减少环境污染和调整产业结构提供了重要理论依据；而且具有重要的实践价值，为百色试验区在制定更加完善且可行的环境规制政策，以及实现经济增长和环境保护双重目标方面，提供了明确的方向和实用的参考。这一研究对于推动百色试验区乃至更广泛地区的高质量发展，提供了有益的参考和借鉴。

我要对所有支持和帮助本书出版的老师表示衷心的感谢，感谢王晓迪老师、程海梅老师、庞声闻老师、罗敏老师、石岚老师、雷鸣老师、王铁环老师，正是有他们的大力支持和帮助，才使我的研究得以顺利进行。同时，也要感谢那些在实地考察中给予我热情接待和无私帮助的专家学者和企业，没有他们的支持，我的研究工作将无法顺利进行。

在之后的日子里，我期待本书的研究成果能够激发更多的学术讨论和实践探索，共同推动广西乃至全国范围的高质量发展迈向更加繁荣和可持续的未来。

陆丹丹

2024 年 6 月

# 目录

# 1 导论

　　在追求经济增长的过程中，平衡环境规制与技术进步的关系，从而推动绿色经济发展，已成为全球关注的焦点，这对于实现经济、社会和环境的可持续发展具有至关重要的意义。当前，全球各国（地区）均对环境保护问题予以深切关注，并热切期望能够达成经济增长与生态环境保护共赢的局面。粗放型经济发展所引发的环境污染问题已对经济可持续发展造成了严重破坏，因此，我国深知环境保护的紧迫性，正不断完善环境规制政策，并加强环境保护的国际合作，以期与全球各国（地区）携手共同守护人类赖以生存的环境。然而，我国正面临产业结构的调整与升级，只有依托技术进步来转变经济发展模式，才有可能实现经济的绿色发展与可持续增长。技术进步在推动资源高效利用、降低能源消耗方面发挥着显著作用，成为推动绿色经济可持续增长的核心动力。同时，它也能助力企业减少污染物和有害化学物质的排放，缓和人类与自然环境的紧张关系。环境规制的核心在于政府为了遏制企业的污染活动而精心策划并实施一系列策略性措施。这些措施呈现出多样性，并且其作用机理具有高度的复杂性。若环境规制政策设计得当且执行有力，不仅能够有效控制企业对环境的负面影响，还能激发企业进行技术创新，这对我国经济的健康可持续发展至关重要。

　　因此，在可预见的未来，我国必须致力于经济增长与环境保护的双重目标，这是一项充满挑战性的任务，需要有关部门进行高度的策略性思考和科学的政策制定。通过立法和政策制定，可以规范各类社会实体的经济行为，确保经济发展与环境保护齐头并进。本书对经济增长、环境规制和技术进步三者的互动关系进行深入研究，展现了环境规制体系的设立、评价及执行过程具有的显著实际价值，这些成果将为政府进行宏观经济决策提供有效参考。

## 1.1 研究背景

### 1.1.1 我国经济处于高质量发展阶段

高质量发展已成为新时代经济发展的必然选择。我国经济发展迅速，经济总量持续增长，取得了举世瞩目的成就。但在经济高速发展的同时，传统的粗放型经济增长模式也带来了诸多环境问题，环境治理所需投入的成本较高。长期以来，我国采用的高产出、高投入、高排放的经济增长模式引发了生态环境、资源与社会之间的矛盾，这种模式已无法适应当前经济发展的需要。党的十九大报告明确指出，我国经济已由高速增长阶段转向高质量发展阶段。在新的发展阶段下，我们必须及时调整经济发展方式，以实现经济可持续发展的目标。

经济增长方式转变与绿色效率提升并举，是环境保护与社会经济协调发展的新挑战。推动经济增长方式从粗放型向集约型转变，实现绿色经济效率的持续提升，同时协调环境保护与社会经济发展的关系，已成为社会各界共同关注的重要议题。环境作为公共资源的一种，容易受到人类活动的影响，也会对人类的生产生活产生重要影响。市场的主体是企业，企业的生产活动会对环境产生巨大影响，而部分企业的常规经济活动计划里没有环境保护这一项。如此一来，要想实现经济效益与环境保护齐头并进，政府作为一只"看不见的手"，应当利用相关政策引导企业的经济活动，使企业朝着"资源节约型"和"环境友好型"的生态经济迈进。然而，我国幅员辽阔，不同地区的经济有不同的特点，要应对的环境问题也会存在差异。因此，环境规制政策需要与当地经济特点和环境问题相匹配，才可以从根本上解决环境问题，从而推动生态经济的增长。

科技创新引领经济增长的方式从要素驱动转变为创新驱动。创新驱动的内在要求无疑是科技创新，实现经济增长、技术进步的内在动力也是科技创新。在经济高质量发展阶段，经济增长要实现要素驱动向创新驱动的转变。要素驱动依赖于大规模的低成本投资和对传统生产要素（如劳动力、资本、能源和资源）的增量投入，从而刺激经济增长。相对来说，创新驱动发展战略更偏向于通过技术与制度层面的革新，达到经济持续稳健增长的目的。这两种战略在推动经济增长的方式和重点上存在显著差异，创新驱动发展战略更强调创新在经济发展中的核心作用。

### 1.1.2 持续提高环境质量仍是焦点

政府和社会致力于持续提高环境质量，为建设美丽中国不懈努力。当前，我国的区域和结构性污染问题仍然较为突出，主要污染物的排放量仍然居高不下，环境质量受到自然条件变化的影响，一些地区的水质改善程度较低，危险废物、土壤污染、化学品等环境风险面临管控的压力较大。坚持提高环境质量仍是政府和社会关注的焦点，应努力提升薄弱环节，推动进步，加快解决环境污染问题。2021 年 3 月，十三届全国人大四次会议表决通过了关于国民经济和社会发展第十四个五年规划和 2035 年远景目标纲要的决议。《中华人民共和国国民经济和社会发展第十四个五年规划和 2035 年远景目标纲要》（以下简称《规划纲要》）中明确提出了要持续提高环境质量的重要要求，强调了环境保护与可持续发展的重要性，为未来的环境治理工作指明了方向。这是党和政府从生态环境保护与生态文明建设的实际情况出发，以建设美丽中国为奋斗目标，积极进行的战略部署。

"十三五"时期设定的九项生态环保硬性指标及污染控制阶段性任务均已顺利达成，污染治理的强化显著提高了环境质量。然而，从宏观层面审视，生态环境保护所面临的深层次、结构性及长期性污染问题依旧严峻，尚未从源头上得到解决。这意味着我们在生态环境保护方面仍需持续努力，以应对依然严峻的环境挑战。2020 年我国生态环境质量进一步得到提高，环境安全的形势比较稳定，详细信息见表 1.1。

表 1.1　2020 年我国生态环境质量情况

| 分类 | 具体成效 |
| --- | --- |
| 环境空气状况 | 全国各地的空气质量呈现出显著的提高趋势，重点区域的空气质量也在持续好转。在我国 337 个地级及以上城市中，有 202 个城市的空气质量达到了国家标准，相比之前增加了 45 个城市。北京市的 PM2.5 年均浓度降至约 38 微克/立方米，同比下降了 9.5%。此外，主要污染物的浓度同比均有所下降，值得一提的是，臭氧浓度也首次出现了下降。然而，多种污染物的协同控制仍需加强，重污染天气仍时有发生 |

表1.1(续)

| 分类 | 具体成效 |
|---|---|
| 水环境状况 | 地表水环境质量呈现出持续提高的态势；关键流域和湖泊水库的水质在稳定中逐渐向好；然而，水生态环境的改善成效尚未达到稳固阶段 |
| 海洋环境状况 | 我国管辖范围内的海域海水水质保持稳定并呈现向好趋势，在夏季，水质达到一类标准的海域面积占比高达96.8%，显示出我国海洋环境的良好状态 |
| 土壤环境状况 | 我国的土壤环境风险已得到基本控制。经过初步核算，受污染耕地的安全利用率已达到90%，而污染地块的安全利用率更是超过93%。这表明土壤污染已得到有效遏制 |
| 生态系统状况 | 全国自然生态状况整体保持稳定态势，森林覆盖率已达到23.04%，而草原的综合植被覆盖率也达到了56.1%。 |
| 声环境状况 | 全国城市声环境质量整体呈现提高趋势，功能区声环境质量在昼间的总达标率已达到94.6%，夜间总达标率提升至80.1%，与以往相比，昼间和夜间的达标率分别上升了2.2和5.7个百分点 |
| 核与辐射安全状况 | 全国核与辐射安全形势整体保持平稳，未出现达到或超过国际核与放射事件分级表2级标准的事件或事故 |
| 环境风险状况 | 全国环境安全状况逐步稳定。在全年统计范围内，各类突发环境事件共计发生208起，与去年同期相比减少了20.3% |

　　从表1.1的数据可以看出，我国生态文明建设取得了阶段性成果，但是也从侧面反映出，当前的生态文明建设仍面临重重压力，必须持续加大建设力度。长期存在的保护与发展的矛盾，以及短期内涌现的各种问题相互交织，使得生态环境保护工作愈发复杂艰巨。从全局视角审视，生态环境保护仍受到结构性、趋势性和深层次的压力，这些压力尚未得到根本性的缓解。因此，我们必须坚定不移地推进生态环境保护工作。首先，要持续深化并贯彻新发展理念。值得注意的是，我国部分地区在环境保护与生态保育方面的重视程度尚需进一步加强，一些省份对于二氧化碳排放峰值和碳中和的认识还不够明确，甚至有的地方仍在发展高能耗、高排放的项目。这种状况必须得到根本改变，需要全面加强生态环境保护意识，推动绿色低碳发展。其次，关于生态环境质量提高的稳定程度，当前所取得的进展仍显得较为脆弱，尚未达到稳定的状态。从整体来看，我国的城市空气质量仍然受到气象条件的较大影响，城市黑臭水体治理的长效机制也有

待完善。这要求我们必须持续加大环境治理力度，巩固和扩大生态环境质量提高的成果。最后，依法推进生态环境保护工作仍存在薄弱环节。我们必须加强法治建设，完善生态环境保护的法律法规体系，加大执法力度，确保生态环境保护工作有法可依、有法必依、执法必严、违法必究。同时，还应强化环保宣传教育工作，从而增强全社会对生态环境保护的自觉意识，并提升法治思维水平。除此之外，亟须深化生态环境治理体系和治理能力现代化。

因此，在"十四五"时期，我们必须坚定地向前，排除万难推动环境治理，持续优化环境质量。美丽中国建设的过程中，其艰巨任务之一便是不断提高环境质量。《规划纲要》提到，在2035年要形成广泛的绿色生产和生活方式。在碳排放峰值过后，将会稳中有降，生态环境能从根本上得到改善，进一步实现建设美丽中国的奋斗目标。拥有优质的环境质量是建设美丽中国的一个重要标志。党和人民要坚定奋斗目标，从实际出发，为生态文明建设战略蓄力，为优化环境质量不断努力，为青山绿水、空气清新的美丽中国建设作贡献。

### 1.1.3 百色试验区绿色发展与经济可持续性的探索

生态环境作为人类生存与发展的基石，同时也是经济和社会持续进步的支撑。一旦生态环境出现恶化，不仅会严重阻碍经济的长期稳定发展，还可能对人类的生存造成不可逆转的威胁。环境作为一种珍贵的资源，不仅具有稀缺性，还具备公共物品的属性。此外，环境污染常伴随负外部性的特性。鉴于利益群体的多元性，环境问题难以单纯依赖市场机制得到有效解决。因此，如何妥善协调经济发展与环境保护之间的关系，已逐渐成为政府部门、企业以及社会学者共同关注的焦点，也成为管理学等学科研究的热点。

2020年3月，经过国务院的正式批准，广西百色被划定为重点开发开放试验区，简称为"百色试验区"。百色试验区要严格根据高质量发展的要求，深化产业开放合作，努力构建沿边高质量的开放型经济体系，加强生态环境保护修复与跨境合作，努力建成生态文明建设示范区，为构建全面开放新格局作出新的重要贡献。百色地质情况复杂，矿藏、水资源丰富，森林覆盖率较高。然而，百色的生态环境也面临诸多问题，如何坚持

"生态优先、绿色发展"的理念，将环境规制理念贯彻于广西百色试验区的经济发展过程中，应当推动经济从过度依赖环境资源要素投入的传统模式，转向更加依赖技术创新和进步的可持续发展模式。

### 1.1.4 环境规制理论与实践的发展

当前，关于经济增长与环境规制关系的研究备受瞩目。学术界正在深入探讨二者之间的相互影响与作用机制，以期为实现经济增长与环境保护的协同共进提供理论支持和实践指导。学术界在环境规制政策是有助于还是阻碍经济增长的问题上意见不一。学者们针对如何确保经济快速、持续和健康发展的问题进行了广泛的理论和实证研究，但至今尚未形成共识。长期以来，学术界一直关注着影响经济增长的各种因素和条件，这些研究从最初的人力资本、物质资本，逐渐拓展到技术进步和创新，再进一步涵盖了社会制度、对外贸易、自然环境以及地理位置等多个层面。环境规制作为管理社会经济发展过程中产生的污染物、保护人们生活环境的重要手段，其对经济增长的潜在影响也引发了学术界的热烈讨论。

基于经济学理论，一些学者指出，环境规制政策的实施可能会增加企业的生产成本。为符合污染治理的严格标准，企业或许需要调整生产性资源的投入比例，此举可能引发生产效率的暂时性下降，进而对经济增长产生一定的制约效应。这种负外部性是环境规制的一个显著特点。因此，如何制定和实施既保护环境又不损害经济增长的环境规制政策，成为当前学术界和政策制定者面临的重要挑战。政府在推动环境保护的同时，定会给企业施加压力，要求其在生产销售的过程中，注重保护环境，这意味着企业要加大资金投入去治理环境，企业的生产成本随之增加，经济效益就会随之减少。这就是成本挤出效应。1980年以来，相关学者对此观点开展了实证考察论证。论证结果显示，环境规制政策会增加企业人力资本和设备的投入资金，正因为投入增加，企业的生产成本会提高，企业的竞争力变弱，导致经济增长率回落。在发展中国家，这种现象尤为明显，环境规制与经济增长之间呈现出负相关关系。

环境规制与经济增长具有非线性的共生关系。1985年以来，关于环境规制与经济增长关系的研究逐渐深入，一些专家学者对此有了新的认知与发现，并对传统的成本挤出效应观点提出了质疑。经济学家们开始认识到，环境规制并非总是阻碍经济增长的，反而有可能对其产生促进作用。这种新的认识在很大程度上受到了 Porter（1991）提出的"创新优势"理论的影响。Porter 的研究揭示了一个重要现象：虽然环境规制可能会增加企业的生产成本，但它同时也能激励企业转变发展方向，通过技术创新和技术进步来应对这些成本增加。这种创新举措不仅有助于企业增加收入、推动经济增长，还能提升企业的市场竞争力。这一现象被称为"创新补偿效应"。在研究环境规制时，不同的学者采用了不同的测量指标，但大多数研究得出的结论都趋于一致——环境规制对经济增长具有促进作用。此外，还有学者从生产效率、滞后效应、制造业等多个角度出发，运用多种测量方法进行了实证分析与检验，进一步验证了这一结论。然而，在全球经济共享的时代背景下，生态经济、绿色经济、可持续发展经济等概念日益受到关注。关于环境规制对经济增长的作用究竟是积极的还是消极的，仍存在一定的争议。本书在梳理已有实证分析与理论研究的基础上发现，环境规制与经济增长之间的关系并非简单的线性关系。环境规制能否促进经济增长还受到其他诸多因素的影响和制约。

## 1.2 研究目的与意义

### 1.2.1 研究目的

当前，关于环境规制对经济增长影响的学术辩论仍在持续进行中。一些学者倾向于支持促进论，即认为完善的环境规制能够显著推动经济增长。然而，也有部分学者持否定态度，认为环境规制强度的增加会对经济增长构成阻碍。研究结果存在差异的原因主要归结为三个方面。第一，学者们对数据指标的选取范围存在一定的不同，这直接影响了研究的起点和基础。第二，学者们在指标度量方面呈现出显著的多样性。这种差异主要源于他们通过不同的研究视角来评估环境规制的严格程度，而核心变量指标的选择及计算方法的不同将直接对实证研究的结论产生差异影响。第三，在整理相关文献时，我们发现关于经济增长和环境规制的研究通常都基于一定的假设，即大多数学者认为经济增长与环境规制之间存在单调的线性关系。然而，这种线性关系是否真实存在，仍有待进一步深入研究和论证。

此外，环境规制对经济增长的影响是否在不同地区具有一致性？经济增长与环境规制之间是否存在其他非线性关系？在哪些条件下，环境规制会促进经济增长？又在哪些情况下会阻碍经济增长？经济增长、环境规制与技术进步三者之间存在什么样的互动关系？以这几个问题为基础，本书从百色试验区的现状出发，分析经济发展与环境规制的现状与测度，从实证角度分析环境规制对百色试验区经济增长的中介效应，以及深入探究环境规制与技术进步之间的非线性关系，并对其形成机制进行严谨的实证分析。通过运用科学的研究方法和精确的数据进行分析，可以更准确地揭示这两者之间的复杂联系，并为相关政策制定和实践应用提供有力的理论支撑。用全面论证的方法研究经济增长、环境规制与技术进步三者之间存在的关系，能够给予政府有效的参考意见，使其在制定相关政策时，着重考虑如何保障经济的可持续发展。这需要我们深入分析当前的经济形势与环境状况，提出既符合经济发展规律又能有效保护环境的措施，以实现经济、社会、环境的协调发展。

### 1.2.2 研究意义

1. 理论意义

经济增长带给人们的是财富的增加，钱袋子鼓起来了，人们对生活品质和生活环境也有了更高的要求。近些年来，环境规制对于经济可持续发展的影响也是研究人员关注的重点。本书在研究广西百色试验区经济发展的基础上，把环境规制纳入影响经济增长的框架，并且添加了"可持续""绿色"等元素，更加契合高质量发展阶段的发展理念和生态文明建设观念。

政府在降低环境成本方面扮演着关键角色，通过采取一系列干预手段，如环境税收、补贴、法规等，可以有效推动环境保护和经济发展。然而，关于政府干预是否能促进经济发展的问题，学术界存在不同观点。根据新古典经济学理论，政府将环境保护成本转嫁给企业，可能会增加企业的运营成本，进而降低生产率，甚至导致企业外迁，对经济总量产生负面影响。特别是对于那些污染物排放较多的企业，较高的环保成本可能直接威胁到它们的生存，甚至倒闭，而企业的关闭和搬迁会增加失业率，势必给经济带来一定程度的损害。一些专家学者持有这样的观点：环境规制引起的经济下滑只是暂时的现象。他们坚信，在不久的将来，环境规制将激发企业的创新活力，促使其通过技术创新和技术进步来提升绿色经济的可持续增长效率。然而，另一些专家学者则指出，不同地区和行业在实施环境规制政策时，对经济增长的影响会呈现出差异性。尽管合理的环境规制在短期内可能会造成经济下滑的压力，但从长远来看，它将激发企业进行技术创新和技术进步的决心，进而提高生产率，弥补环境成本，减轻企业负担，并最终推动经济的可持续发展。因此，研究环境规制能否以及怎样才能推动经济的可持续发展是本书的理论意义所在。此外，构建广西百色试验区经济增长、环境规制和技术进步三者关系的分析框架，剖析广西百色试验区经济增长和技术进步的横向差异与动态变化，可以为广西百色试验区减少环境污染和调整产业结构提供重要理论依据。

2. 实践意义

环境规制与经济增长、技术进步的关联性研究，为百色试验区的技术创新与可持续发展提供了理论与实践指导。本书将理论与实证分析相结合，深入探讨了环境规制的相关概念及其与经济增长、技术进步的紧密联系，为广西百色试验区在技术创新方面的实践提供了有力的指导。本书细致分析了百色试验区环境规制的核心特征及其与技术进步之间的作用机制，为推动试验区经济增长提供了明确的方向和实用的参考。此外，本书还全面探究了环境规制与技术进步如何共同作用于百色试验区的发展，揭示了这两者在制定相应政策时所带来的深远意义。针对广西百色试验区的实证研究，本书特别关注了环境规制在技术进步与经济增长关系中的影响效应，探讨了环境规制是否能有效推动企业选择技术进步的路径，以提升生产效率。这一研究对于百色试验区在制定更加完善且可行的环境规制政策，以及实现经济增长和环境保护双重目标方面，具有重大的应用价值和实践意义。

# 1.3  核心概念

## 1.3.1  环境问题

人类需重视并应对环境污染问题。人与自然的和谐相处从古至今都备受关注，人类活动与历史长河也证明了一点——人与自然合则两利，斗则两败。经济增长不能以生态环境的毁灭为代价，资源的过度开发同样会导致人类生产经营活动受限。在不同经济发展时期，生态环境保护问题是我们在处理人与自然关系过程中无法回避的问题。在工业化发展时期，人们对环境问题越发重视，也有更多的研究人员从更深层次的角度研究环境问题。在这一时期，引发环境问题的主要原因是工业化在不断发展，经济增长迅猛，工业化生产需要消耗巨大的能源，这就意味着基于生产需求，人类需要不断开发新的自然资源，与此同时，在生产过程中会产生诸多会对环境造成伤害的污染物、废弃物。人们的生产活动在不断地破坏自然环境，恶化的自然环境同时也会对人类的社会活动和发展产生负面影响。因此，研究人员把环境危害大致划分为原发性与次生性两大类。其中，原发性环境危害主要指的是由地球自身能量变化、洋流改变、天气异常等自然因素所直接引发的环境问题。此类环境危害属于自然现象，与地球共存亡。人类的力量是弱小的，无法控制此类环境危害的产生，只能与之不断抗衡和适应。次生性环境危害是指人类生产活动导致的环境污染问题。人类在发展过程中，往往因自身需求而忽视自然规律，过度消耗能源，向大自然过度索取。大自然不堪重负，加之污染物的排放，导致生态环境日益糟糕。从根本上来说，严峻的环境问题是由于污染物大量地被排放到自然界中。有学者认为，环境污染的危害程度不尽相同，这是因为环境问题的类型不一致，并且强调环境污染一定会严重影响到人类自身的进步与发展。

经济增长与环境的关系备受重视，技术创新与正确导向是维系可持续发展的关键。1970年以来，能源、自然资源和环境污染等元素对经济增长的影响也逐渐被人们关注。有大量的研究表明，虽然环境在不断受到危害，但经济增长的势头仍然不变，主要是由于节约资源和环境保护的技术创新与进步。内生经济增长理论认为，环境与经济的可持续发展要求技术创新要遵循正确的方向，并且有充分的创新。因此，环境问题不是只有悲观消极的一面，如果能重新审视环境污染，了解环境污染，分析其被污染的具体原因，采取与之相对应的治污措施，创新环境保护技术，就能妥善处理好环境问题，维系人与自然的和谐关系。流动性、跨区域性以及一定程度的依赖性是环境问题的主要特征。正因如此，管理环境问题需要世界各国共同协作，每个国家都应担负起自身的责任。同时，由于每个国家

（地区）的发展存在差异以及其他多种原因，在政策制定和执行过程中需要充分考虑并兼顾不同主体的利益诉求，共同携手处理环境问题，保证各方利益最大化。本书主要通过研究经济增长、环境规制与技术进步的关系，为广西百色试验区寻找适合的经济发展模式。

### 1.3.2 环境规制

规制是一种社会管理的手段，它介于自由市场与极端政府管制之间。环境规制是一种以保护环境为目的而采取相对应的策略和方案的行为。环境规制包括环境法规、环境政策以及相关的条例规章的制定，以此约束和控制经济活动。随着经济的不断发展，学术界对于环境规制内涵的认识也在不断变化，从开始的政府行政干预方式，到后来的可交易排放许可证、环境税、补贴、押金退款等手段，环境规制的内涵在不断地延伸。在这一阶段，经济学领域的研究者们从不同的研究视角给环境规制下定义，环境具有公共物品的属性，不能仅仅依靠市场调节来解决越来越严重的环境问题，政府干预可以处理因市场失灵引起的环境问题。此时，不断健全环境规制的内涵，极大程度上丰富了环境规制理论的内容。按照实施内容和方式的不同，环境规制可以分为两大类型。第一类是投资型环境规制，主要关注将环境费用转化为固定资产的长期性投资，如政府支出和补贴等。这类环境规制通常用于激励环保项目和达标企业，如环境治理设施投资和环保技术投资等，旨在激发企业参与环保的积极性，推动绿色经济的可持续发展，并提升绿色经济增长效益。第二类是费用导向型环境规制，其主要特点是环境成本已经产生，但尚未形成固定资产，因此其影响相对短暂。典型的例子是对未达到环保标准或对环境造成重大负担的企业征收排污费。这类环境规制属于经济惩罚措施，旨在使企业承担环境成本。然而，在本书的研究中，通过对环境规制内涵的深入剖析和历史发展轨迹的梳理，将环境规制重新划分为三种。

1. 命令控制型环境规制

命令控制型环境规制具有强制约束性，通过立法和执法强制要求企业担负起治理环境污染的责任，在政府的管理督促下，相关企业需要完成对应的污染物达标排放任务。如果被监管企业达不到排放标准，将受到法律或经济制裁。

2. 市场机制型环境规制

市场机制型环境规制也具有强制约束性，但不一样的是，市场机制型环境规制要求企业改进治污技术和提高治污能力，从而使环境治理达到良好的预期效果。该类环境规制通常会通过环境税征收、污染费征收、补贴发放以及排污许可证授予等手段来实施。

3. 自愿型环境规制

自愿型环境规制具有非强制约束性，企业主要采取技术创新的手段改善环境状况，加强产品的质量和环保度，以此来达到政府所制定的豁免标准。自愿型环境规制有两个特性：自愿性和责任性。

这三种环境规制都有各自的优势所在，就制度落实的实际成本来看，命令控制型环境规制与市场机制型环境规制所需成本较高，而自愿型环境规制所需成本相对较低。若从环境改善的效果来看，市场机制型环境规制有较明显的效果，能对企业起到较大的激励作用；而另外两种环境规制的效果相对较弱。

跨区域扩散是我国环境污染的主要特征，这要求我国政府应不断加强环境规制，环境规制方式的选择越来越具备实用性、科学性和高效性，传统的单一治理方式在新阶段的经济发展形势下已经不能解决现有的环境问题。因此，研究如何合理运用环境规制工具迫在眉睫。有关部门应合理利用环境规制政策，提高企业环境保护和污染治理的意识，为拥有"绿水青山"和"金山银山"做好铺垫工作。

### 1.3.3 技术进步

技术进步离不开技术创新。"创新"这一概念最先是由经济学家熊彼特提出的，在他看来，创新是指对现有生产条件与要素进行重新组合或构建全新的生产函数，进而实现生产方式的革新与改进。以熊彼特的创新理论为基础，才能持续衍生与发展出更多的现代技术创新理论。弗里曼（Freeman，1973）、美国国家科学基金会（NSF，1976）、菲尔德等（Mansfield et al.，1981）先后从制度、技术两个视角研究和分析了创新能力。20世纪80年代中期，缪尔塞（Mueser，1985）查看了许多技术创新相关的文献，前后有300多篇，并对技术创新的定义和概念展开了全面的梳理分析。他认为技术创新是一系列有意义的不连续事件，这类事件有两个特征：成功实现和构思新颖。创新作为人类社会发展的重要驱动力，为经济增长和财富创造提供了源源不断的动力，技术创新的核心驱动力则在于持续的技术进步。作为新古典经济学派的杰出代表，索洛深入剖析了技术进步在促进经济增长和劳动生产率提升中的核心地位。他坚信，技术进步与劳动力、资本等传统生产要素同样重要，对经济增长具有不可替代的推动作用。索洛通过构建其独特的技术进步模型，进一步探索了技术进步对经济增长的积极影响。该模型的研究结果有力证明了技术进步能够显著提升劳动生产率，为经济发展注入源源不断的动力。然而，技术进步在推进过程中也呈现出一些显著特征，包括研发周期相对冗长、技术垄断性不足以及风险性较高，因此市场机制在推动技术进步方面往往存在失灵的情况。这时，政府的适当干预就显得尤为重要。政府可以通过制定相关政策、提供研发资金支持、加强知识产权保护等措施，有效解决市场失灵问题，激发企业进行技术创新的积极性，从而推动社会整体的技术进步和经济发展。

在我国，技术创新领域的研究起步相对较晚，因此对于技术创新的概念，学术界存在多元化的解读。以清华大学傅家骥等学者（1998）为例，他们提出技术创新是一个多维度的综合过程，涵盖了组织变革、科技进步、商业运营和金融运作等多个层面的内容，旨在重新组织生产要素和生产条件，以抓住市场潜在机会，建立更高效、低成本的生产运行系统。项保华、许庆瑞（1989）等则将技术创新界定为新理念的形成、运用，并通过这一过程推动新产品或服务的产生，旨在满足日益变化的市场需求。广义上，技术创新不仅包含新技术成果本身，还涵盖其应用、推广与扩散等阶段。

与此同时，伴随着经济飞速增长，环境挑战日趋严峻，促使国家与民众对环境保护的认知持续深化。循环经济、可持续发展、绿色经济与低碳经济等理念日益受到推崇，人们愈发认识到技术进步是推动绿色发展的关键动力。因此，学术界涌现出众多融合绿色发展与技术创新的研究，催生了诸如绿色技术进步、环境技术进步、生态技术进步等新概念。这些技术创新旨在实现经济增长的同时，致力于节能减耗、提升能效、减少污染物排放以及保护生态环境。显然，技术进步的定义已随着时代变迁而演进，当前的核心目标已聚焦于环境保护与经济增长的和谐共生。

在环境规制的框架下，企业的技术创新与环境保护、经济增长紧密相联。为应对环境规制的约束，企业可采取三种策略以减少污染物排放，每种策略均与特定的技术创新相对应。首先是优化污染治理技术，即聚焦于生产流程的终端，加大力度对污染物进行高效治理，这是最直接有效的方法，本书称之为"治污技术进步"。其次是提高能源使用效率，能效低下既浪费能源又增加污染物排放，提高能效可节约能源并减少污染，本书称其为"节能生产技术进步"。最后是优化生产工艺，实现清洁生产，包括改进生产技术、工艺及设备，采用新能源替代传统能源等措施，试图在生产过程中最大限度地减少污染物的生成与释放，本书将其定义为"生产环节的清洁技术进步"。

## 1.4 研究内容、方法与创新点

### 1.4.1 研究内容

本书的主要研究内容是以广西百色试验区为例，探究经济增长、环境规制和技术进步三者的关系，具体研究内容包括五个部分，研究内容间的内在逻辑联系如图1.1所示。

第一，阐述环境规制的相关概念及其与经济增长和技术进步的相互关系，建立研究所需数据集。通过查阅资料和文献综述，阐述本书的研究目标及其提出的时代背景、研究内容与方法；进而基于中国经济与社会发展统计数据库、中国财经教育资源共享平台以及相关的实地调研和统计数据，收集整理研究广西百色试验区所需的资料，构建研究基础数据集。

第二，广西百色试验区经济发展与环境规制的现状与测度分析。首先，将环境规制分为强制性环境规制和诱致性环境规制并进行范围界定，进而通过动态变化分析和区域差异分析，对百色试验区的环境规制状况进行比较研究；其次，按照强制性环境规制和诱致性环境规制的划分维度，厘清两种环境规制类型中具体规制工具之间的逻辑关系；最后，采用计量经济方法对百色试验区的环境规制现状进行测度。

第三，广西百色试验区环境规制与技术进步之间的互动关系分析。通过分析和归纳广西百色试验区环境规制的主要特征、环境规制与技术进步的作用机制和影响机理，并运用数据包络分析方法中的 Malmquist 指数，定量测算近 10 年来环境规制对广西百色试验区技术进步的影响和变化趋势。

第四，环境规制对广西百色试验区经济增长的效应研究。基于前述环境规制测度计算，采用调研和查询获取的基础数据集以及计量经济学面板数据分析工具，以环境规制为中介变量，以技术进步为自变量，以经济增长为因变量，使用三阶段回归法，通过实证研究，深入剖析环境规制对广西百色试验区经济增长产生的中介效应。

第五，广西百色试验区环境规制提升的目标、内容、机制与对策。综合分析广西百色试验区开发的建设目标和现状，提出相应的环境规制水平提升目标、机制、途径与具体的对策。

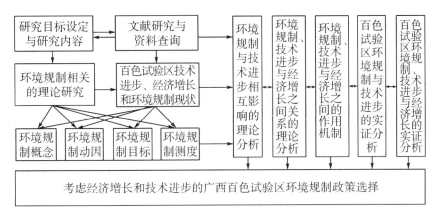

图 1.1　研究内容之间的内在逻辑联系

### 1.4.2　研究方法

1. 环境库兹涅茨曲线分析法

环境库兹涅茨曲线揭示了经济发展与环境污染之间的非线性关系。在经济发展初期，环境污染水平尚属可控，但随着人均收入水平的稳步提升，环境污染问题逐渐凸显，环境质量因经济增长而面临压力。然而，一旦经济发展触及某个标志性"临界点"或"转折点"，人均收入的持续增长将促使环境污染态势发生逆转，污染程度开始降低，环境质量逐步得到恢复与提升。环境库兹涅茨曲线分析法则是利用模型和数据来验证这一倒"U"形变化规律的方法。通过这种分析，我们可以更深入地理解经济发展与环境保护之间的复杂关系，为制定有效的环境政策提供科学依据。

### 2. 实证分析与规范分析法

采用相关分析和回归分析等实证分析工具，对广西百色试验区环境规制的系列影响因素进行实证分析，进而以实证结果为基础进行规范分析，提出广西百色试验区环境规制提升的目标、内容和路径与具体政策建议。

### 1.4.3 创新点

#### 1. 研究维度创新

当前的研究文献和成果主要集中在国家、省级层面或特定产业的经济增长状况，对于地级市或经济圈的经济增长情况的研究相对较少。同样，探讨某一区域内经济增长、环境规制与技术进步之间相互作用的文献也较为罕见。本书旨在填补这一研究领域的不足，以广西地级市百色市为例，深入剖析其经济增长效率，并通过构建实证模型，探究环境规制和技术进步对广西百色试验区经济增长的具体影响和作用机制。

#### 2. 学术思想创新

本书把环境规制视为中介变量，有机地将技术进步和经济增长联系起来，并结合广西百色试验区获批设立这一重大战略机遇，对广西百色试验区环境规制的提升策略进行研究，在研究方法和研究对象的选择上，具有一定的学术思想创新。

#### 3. 学术观点创新

本书对广西百色试验区环境规制的影响方向和作用机制进行测度和实证分析，从对策建议的角度提出具体策略，在理论探讨和实践运用上都具有创新性。

#### 4. 研究方法创新

本书综合运用计量经济模型，并采用数据包络分析法等多种方法和学科知识，构建指标体系和计量模型，对广西百色试验区环境规制进行测度并进行实证分析，这是研究环境规制问题尤其是广西百色试验区经济增长的方法创新。

# 2 理论基础与文献综述

## 2.1 理论基础

### 2.1.1 环境规制理论

#### 1. 发展阶段理论

发展阶段理论演变与指导。根据经济学发展史来看，研究人员所研究的发展阶段理论是起源于亚当·斯密的发展三阶段理论。因为当时社会生产力发展水平较低，空想社会主义理论逐渐完善了这种划分方法。科学社会主义的奠基人是马克思，其详细地讲述了社会历史的发展阶段理论。从《政治经济学的国家体系》可知，德国学者李斯特（1841）从技术与自然因素的角度对生产部门的发展现状进行了深入研究，还进一步阐述了经济发展阶段理论。在往后的发展过程中，德国历史学派将发展阶段理论的广度、深度以及现实意义进行了更深层的拓展与强化。以上学者所述的发展阶段理论属于早期的理论学说，他们的研究不仅使得发展阶段理论日益丰富，而且开辟了现代经济发展理论的新天地。美国经济学家胡佛·费希尔（1949）发现，所有地区经历的发展阶段大同小异，所以以"标准阶段序列"普遍都适用。以产业结构与制度背景为出发点，学者们将地区的经济领域引入发展阶段理论，进一步拓宽了发展阶段理论的研究范围，给地区经济研究提供了具有可行性的理论指导。

后发展理论与现代化争议。第二次世界大战结束，标志着新兴国家获得政治经济的独立，理论界随即开始探讨落后国家（地区）怎样才能赶超先进国家的"后发展"问题。其中，以"现代化理论"为代表的经济学派是主流并且处于强势地位。他们主张国际市场一体化,重视资本积累,认为传统农业社会必然会进入现代工业社会。但其中一直存在质疑和反对。他们认为,不能仅强调单一的经济成分,而忽略了发展过程的复杂性和外部元素带来的阻挠,若如此经济难以实现可持续发展。

森哈斯发展理论与中国转型。迪特·森哈斯(Dieter Senghaas)是20世纪八九十年代德国一位有名的思想家,人们称赞他的发展学说为"发展理论经典"。该发展理论不仅有利于世界经济史和发展理论的进一步研究,而且能为中国发展道路的产业调整与转型升级提供重要的参考。迪特·森哈斯(2014)对中国转型发展亟须应对的主要问题和关键环节进行了详细叙述。他认为中国经济要想改变过去以资源投入为主的粗放型发展方式,就要坚持加强管理、提升技术、政治创新的集约型发展。此外,迪肯(2005)认为,库兹涅茨曲线作为一种经典,其反映的是人均收入与环境质量的关系,但本质上的表象特征属于经济社会发展阶段。可知,这是一次极为有意义的理论研究,该研究将环境问题引向经济发展阶段。

总之,发展阶段理论在环境问题的研究过程中具有十分重要的指导意义。当前,世界各国各地区都面临环境污染的问题,这并不是偶然的,而是由于人类社会和经济的发展而发生的变化。在早期的经济发展阶段,进行经济活动生产的人类也一样会破坏环境和资源,但因为人类行为范围的限制和手段的差异,其影响是有限的。在工业化社会时期,机器大工业时代的到来,人类改变环境的能力也越来越强,工业生产活动所带来的污染情况也发生了巨大的变化。当前,我国经济已由高速增长阶段转向高质量发展阶段,从工业化阶段转向后工业阶段,要将社会发展实情融入环境问题,因此,全盘吸收西方经济学的观点是不可行的,要根据我国经济发展阶段的实际情况制定合理的环境规制的政策法规。

2. 波特假说理论

波特假说:环境规制促进发展。落实环境规制,环境质量会得到提高,但会增加企业的生产成本,企业在市场中的竞争力会受到影响,对经济增长是有害的,这是一个传统的观点。波特假说理论的出现对这一传统观点具有较大的冲击性。Michael Porter(1991)是美国极具权威性的经济学专家,他提出了波特假说理论,该理论在论述环境规制、技术进步以及企业竞争力三者联系的基础上,驳斥了环境保护和经济发展不能同时进行的观点。波特假说理论是新古典静态分析框架的突破性理论，其进一步创新了分析模型，重新建立了动态的分析模型。波特假说理论的观点认为，环境规制的增强可以刺激企业提高生产率，从而降低产品的生产成本；环境规制能够促进技术创新与技术进步，以此提高企业的竞争力以及促进经济持续增长；环境规制能够提高环境质量和促进经济发展，实现双赢。

环境规制促使企业通过技术创新和技术进步来促进经济增长，这是一个发展时期。在这一时期，企业需要承担相应的成本，产品的竞争力会有所下降，但从长远来看，企业的技术水平与产品质量会得到很大程度的提高。因此，此类新技术和制作工艺一定会推动企业朝着利好方向发展，从而实现经济增长。这就是波特假说中的"创新补偿理论"。Porter 和 Linde（1995）通过深入研究，对波特假说理论进行了完善。在他们看来，合理的环境规制不仅可以激发企业研发新技术，追求创新，还可以提高企业的效率，促进企业实现绿色绩效与产品利润的互补。在这之后，其他学者通过不断的研究和修正，归纳出波特假说理论的核心观点：一是在环境规制的条件下，能够实现推动环境保护和增强企业竞争力的双赢目标；二是环境规制应该同政府发展的鼓励措施相一致，所有环境政策要想实现预期的效果，就必须要有政府的支持；三是环境规制是实现绿色技术创新的重要保障，也是较为有效的环境政策。

波特假说：绿色创新与竞争力研究。随着时代的发展，相关的理论研究与实证分析在不断深入，学者们也在不断推进波特假说理论。Kemp（1998）认为波特假说理论的作用具有差异性，并把该理论分成了两种类型，分别是强波特假说和弱波特假说。强波特假说强调的是环境规制的绿色创新对企业竞争力和环境保护的刺激作用，而弱波特假说则强调环境规制在企业绿色创新中的作用。Svorc（2000）提出，采用绿色技术的企业在市场竞争中容易获得先发优势，并进一步可以提升企业的创新驱动效应和制造效率。在研究国际市场的有关数据的过程中，欧洲的相关机构对波特的观点进行了证实和检验，发现完善高效的环境法规给企业成本带来的负担较轻，也不会阻碍经济的发展。此外，Demirel（2012）研究发现了环境规制促进企业绿色技术投资的理论依据。然而 Grubb 和 Ulph（2002）则对环境规制可以推动创新产生怀疑，他们利用实证方法进行检验后，发现环境规制对绿色创新的作用很微小。实际上，在波特假说理论演变的过程中，学术界也一直存在质疑的声音，反对者为检验波特假说理论具有局限性，不但延展了所使用的研究方法，而且构建了计量经济学模型。但反对者研究所采用的数据引起了不小的争议，其可靠性遭到支持者的质疑。

3. "环境竞次假说"和"污染避难所假说"

20世纪70年代，"环境竞次假说"和"污染避难所假说"是环境经济理论的两大假说。从研究的背景与对象来看，这两个假说理论在某种程度上存在一定的联系。在该时期，由于经济发展阶段不断变化，发达国家对减少污染、改善生态环境的呼声更高，各国也陆续将环境质量标准提升。与此同时，部分发展中国家追求经济的高速发展和生活水平的提高，初级加工制造业与低端产业处于兴盛时期，因为这些产业能吸引外资，它们将经济发展放在首位，环境质量次之。在这种背景之下，发展中国家或地区是如何将环境保护和经济增长联系起来的，以及怎样处理国际或区域间资本流动引发的环境等问题，引起了世界各国（地区）的广泛关注。

Carry（1974）提出了"环境竞次假说"。他认为，在经济发展过程中，发展中国家的核心竞争力处于劣势的情况下，各国会充分利用其较为宽松的环境标准以吸引投资，进而使自身的竞争力处于优势的一方。然而，发达国家也会将自身的环境标准降低，以保持污染密集型产业的竞争力，从而能在市场竞争中占据优势地位。此后，世界各国（地区）陆续降低环境标准，这样一来就产生了"环境竞次效应"。一般来说，当国际社会的产业转移进入常态化后，将发展中国家与发达国家进行对比发现，一般只有更低的环境成本与更廉价的劳动力才能成为优势，发展中国家为了保持竞争优势，只能不断降低环境标准，这是用环境成本换取竞争优势的无奈之举，使来自不同国家的企业竞争加剧，最终导致环境破坏严重，环境自身的承载能力有限，无法实现可持续发展。总之，"环境竞次假说"主要是指国家（地区）通过降低环境标准，来吸引更多的外国投资，以牺牲环境为代价来获得市场竞争力，从而出现"环境竞次效应"，甚至导致全球环境进一步恶化。这种情况发生的原因主要是微观经济主体以利益最大化为终极目标，若一个企业是偏于理性的，那么企业在权衡环境治污成本与污染罚款的利弊时，一定会选择一条效益最大的道路，当环境污染的罚款过低时，企业会选择缴纳污染罚款而去规避环保成本。如果企业在面对污染治理问题时总保持沉默的态度，那么就会使激烈的市场竞争中出现"环境竞次效应"。

污染避难所假说：污染转移与环境牺牲。Walter 和 Ugelow 于 1979 年首次提出"污染避难所假说"（pollution haven hypothesis），发展中国家为追求经济的快速发展，为企业提供许多优惠的投资政策，以此引进外资。例如，将环境标准降低，这成为部分发展中国家积极效仿的措施，但其后果较为严重，生态环境会被严重破坏。不久之后，在《环境规制理论》中，Baumol 和 Oates（1988）对"污染避难所假说"进行了一系列的研究，不断丰富和完善该理论。发展中国家利用较低的环境标准吸引外资，导致部分国家或地区沦为发达国家污染转移的主要区域，在普遍的认知中，这是一种不可持续的经济发展方式。我们将上述理论内涵更详细地表达出来：首先，发达国家通过提高环境规制的标准，使得污染密集型产业的成本增加，从而产品的价格提高，进一步降低了产品的竞争力。其次，发展中国家根据其政治和社会考虑，承诺以牺牲环境为代价，发展国际低成本污染工业。面对源源不断涌入的可以带动本国或地区经济增长的外国投资，发展中国家或地区降低其环境规制标准是必然的，这表明发展中国家或地区与发达国家从自身经济发展的角度出发，通过双向互动制造了"污染避难所"。王军（2005）研究此现象产生的原因——发达国家更愿意推行严格的环境规制，使污染产业慢慢转入环境规制不严格的国家或地区。在这个过程中，发达国家达到了获取良好生活环境的目的，而发展中国家也因此取得了短期的经济发展优势。在相互竞争的过程中，这些发展中国家降低了自身环境规制的标准，最终成为"污染避难所"。

污染避难所假说：争议与研究进展。在学术界现有的文献中，有少数支持"污染避难所假说"，Chichilnisky 和 Copel 认为该假说理论具有一定的合理性，并且验证了外国投资与环境污染存在一定的关联。Copel 和 Taylor（1995，1997）认为，发展中国家或地区在承接污染产业或吸收外国资本时，的确带动了国内的经济发展和提高了人民的生活水平。但是，仍然有大部分学者倾向于不承认"污染避难所假说"的存在。例如，Cole 和 Elliott（2005），Cole 等（2006），Levinson 和 Taylor（2008）以及 Mongelli 等（2006）从不同视角展开研究，进一步检验了该假说在实践基础与理论层面的匮乏。尽管学术界对"污染避难所假说"的研究还未能得出相同的结果，但通过对众多学者的观点进行梳理与分析，发现人们对这一理论的实质有了更清晰的认识，这为本书进一步研究该理论开辟了新的思路。

"环境竞次假说"主要用来研究和探讨各发展中国家为了吸引外来投资而展开降低环境规制标准的竞争的横向关系。"污染避难所假说"主要用来研究和解释希望转移污染产业的发达国家与从事污染行业的发展中国家间的纵向关系。在研究我国当前环境和经济发展的现实方面，这两大假说理论具有重要的参考价值。一般而言，在经济发展的整个过程中，竞次竞争在产生消极影响的同时，也会产生积极影响，此策略在早期的经济发展中，可以提升企业的生产力和工业竞争力，这是其积极影响；在经济发展需要转型升级的时期，这种策略可能会产生负面影响，阻碍经济的可持续发展。我国的经济发展道路应兼顾环境保护和经济增长，坚决不以牺牲环境效益为代价来追求经济利益，要实现"绿水青山"，寻得"金山银山"。但怎样脱离竞次效应，实现理想的竞争局面，是一个需要长期研究和关注的关键问题。

4. 稀缺性理论

欲望总超过能够用来满足欲望的资源，这一概念称为稀缺性。稀缺性意味着在一定的时间和空间内，人类的欲望是会不断增长的，而资源是有限的，因此有限的资源无法满足人类日益增长的欲望，也就是说从人类持续膨胀的需求来看，资源的供给显得尤为有限和珍贵。在西方经济学的视角下，资源的稀缺性在市场经济框架中会催生竞争机制，这种良性竞争进一步促使资源得以优化配置和高效利用，使得经济发展更好的部门得到更多的资源，从而打破资源稀缺性对经济的限制。从理论入手，稀缺性可划分为两类，其一是经济稀缺性，其二是物质稀缺性。当资源的绝对量很大时，可以满足人类很长一段时间的发展。当受到生产成本和资源投入的制约时，人类获得资源的途径受到影响。这时候资源的稀缺性就是经济稀缺性。当资源绝对短缺时，人类的发展在很长一段时间内无法得到满足。这个时候，资源的稀缺性就是物质稀缺性。此外，与无限的经济发展相比，有限的资源也决定了资源的稀缺性。

环境资源稀缺性：绝对性、相对性与结构性。人类生产生活的重要前提条件是环境资源，提供资源与净化污染是环境资源的两大重要作用。环境资源不仅可以为人类的生产生活提供资源，而且可以通过自身的净化作用处理人类生产生活产生的废弃污染物。在特定的时间框架与空间范围内，环境资源的可供应量足以支撑并满足人类日常生活的基本需求，但不能完全满足人类生产的需求。从某种程度上来说，一部分群体生产的需求能得到满足，另一部分群体生产的需求却得不到满足。此现象很好地说明了环境资源具有多重价值的特点以及具有稀缺性，主要表现在三个方面。第一，环境资源的绝对稀缺性。绝对稀缺性使得环境资源在人类的生产生活过程中能够满足一个或多个方面的需求。从经济学角度来看，实现利益最大化是理性经济人的基本目标。在市场经济制度的正常运行下，提高生产效能和减少生产成本等举措能够促使企业最大限度地使用环境资源，特别是不可再生环境资源。第二，环境资源的相对稀缺性。对于人类欲望的无限性和多元性来说，环境资源的供给并不是无限增长的。虽然我们可以利用技术创新提高资源的使用效率，进而使环境资源的浪费和使用在一定程度上得到减少，但是任何事物都有一个度，环境资源也不例外，环境资源有一定的阈值和使用范围，一旦环境资源被破坏到超出其承载能力，就会形成无法逆转的局面。第三，环境资源的结构稀缺性。从社会的经济活动可以看出，在进行任何的生产活动时，都需投入各种要素组合。在环境资源稀缺的情况下，需要不断完善环境资源结构。否则，只要出现资源短缺，就会成为经济活动的"瓶颈"资源。

5. 外部性理论

外部性也被称为外差效应、溢出效应或外部影响。20世纪初，英国的马歇尔与庇古提出外部性理论，外部性是指在经济活动的过程中，一个经济主体会对其他人的利益产生不良或者有利的影响，但是这类影响带来的损失或利益都不是经济主体本身遭受或取得的。换言之，外部性是一种影响，一种经济行为影响着另一种经济行为，这种影响具有"非市场性"的特点。对于非竞争性外部性，如工厂废气污染，政府为实现帕累托最优定价，可向排污企业征收相应税款；而对于竞争性外部性，在完全竞争市场环境下，环境外部性引发的市场失灵会导致企业生产超出社会需求。以造纸厂为例，若废水治理成本未纳入其生产成本，其产量将超出社会最优水平，造成资源浪费和环境破坏。私人的边际成本和社会成本因外部性的存在而产生较大的差距，影响到市场机制反映社会成本的准确性，进而导致帕累托最优出现偏离现象。因为外部性会产生不良影响，也会产生积极影响，所以把产生不良影响的外部性称为负外部性，产生积极影响的外部性称为正外部性。

外部性在时间和空间上展现为代内外部性和代际外部性。代内外部性聚焦于某一时刻的资源配置效率，即当前资源的合理利用率；而代际外部性则着重探讨人类在不同世代之间行为互动产生的长远影响，特别是致力于减轻前代对后代以及当代对未来世代的潜在负面影响。这种跨越时间维度的外部性，可被视为"由当前向未来延伸的外部性影响"。其分类根植于可持续发展的核心理念，具体包含代际间的正面外部经济效应与负面外部不经济效应两种形态。

目前，外部性议题已不再囿于同一地域内的企业之间、企业与居民之间的纷争，而是逐渐蔓延至跨地域乃至全球范畴，代际外部性的空间边界正在持续扩展。同时，代际外部性造成的问题愈发显著，包括生态失衡、淡水短缺、环境恶化、资源耗竭等，这些挑战已对后世的生存与繁荣构成严重威胁。

尽管科技外部性这一概念尚未广泛普及，但其在实际应用中已屡见不鲜。它主要涵盖三个方面：首先，科技成果作为一种具备显著外部效益的公共资源，在缺乏有效激励措施的环境下，往往面临供给不足的问题；其次，科技进步通常表现为连续发展的态势，其某一成果的推广和应用能够为其他科技成果的研发与落地奠定坚实基础；最后，网络经济的外部性则源于网络自身的系统性特质、网络内部信息流动与物资交换的交互性、网络基础设施的长期独占性等。这一概念虽然尚未被广泛认知，但在现实中已经产生了深远的影响。

制度外部性的制度变迁与产权影响。外部性理论在新制度经济学中得到了进一步的延伸和拓展，并且外部性、制度变化和产权三者之间建立起了联系，进一步把外部性与制度放在同一维度进行分析，这被学者称为制度外部性。制度外部性主要体现在三个核心方面：首先，鉴于制度本身所固有的公共属性，其外部性特征尤为突出；其次，某一特定制度下享有的优势或利益，在另一制度下可能不复存在，这种由制度变迁所引发的利益差异，我们称之为制度外部经济或制度外部不经济；最后，当某些制度框架内的自愿谈判受到限制或因成本过高而难以进行时，会存在外部收益或外部成本，经济活动主体获得的利润与其承担的成本不对称，也会导致制度外部性的产生。这三方面内涵共同构成了制度外部性的复杂性和多样性。

负外部性中的环境问题与经济动机。当生产者或消费者在资源利用的行为中，对他人造成不利的影响或额外的损失，且这种损失未得到合理补偿时，便形成了一种消极的外部效应，即负外部性。造成环境问题的深层次原因主要归结于这种负外部性的影响。在市场经济条件下，一个理性的经济人在进行经济生产活动时，从理性思维的角度以利益最大化为主要动机，只考虑怎样才能够获得最大利益，而不考虑企业的生产经营活动会对环境资源造成什么样的影响，因此单靠环保宣传与社会道德无法制约其为获取最大利益而破坏环境的生产经营活动。

### 2.1.2 经济增长理论

1. 经济可持续发展理论

在世界经济迅速发展的同时，环境遭到大面积污染，资源被大量消耗，因此，可持续发展的绿色发展理念应运而生。可持续发展这一理念指出，在经济发展过程中获得的效益，既要满足当代人的生活所需，又要让后辈们生活能够有所保障。

共同性、公平性与持续性是可持续发展的重要原则。共同性原则主要是指各国基于自身的国情，制定有利于自身发展的目标，促进共同发展，逐步实现人与自然和谐共处。公平性原则有两个要求：一是同一代人公平地拥有发展权、生存权和有限资源的分配权；二是当代人在利用资源发展经济的过程中，要做到环境保护和资源保护两手抓，使子孙后代能享有相等的环境和资源。持续性原则主要是指在经济发展进程中，注重人与自然、人与人的公平，合理化进行自然资源开发，充分利用有限的资源，维持生态环境的自净化能力。

可持续发展着眼于经济、社会和生态环境三个方面，不再是以往单一地强调经济"量"增速的理论，为经济的绿色可持续发展打下了坚实的基础。我们在进行资源开发以发展经济的同时，要利用高超的技术，用有限的资源去创造无限的可能。绿色可持续发展主要以非期望产出和资源投入为主，统筹兼顾资源和环境，促进经济发展。

2. 三大流派的经济增长理论

经济增长理论：古典、新古典与内生增长。一直以来，经济增长理论都备受专家学者的关注，他们对影响经济增长的因素也做了详尽的分析。从经济增长理论的相关研究文献不难看出，经济增长理论一直在实践中不断地改进、完善与发展。亚当·斯密、大卫·李嘉图、马尔萨斯、威廉·佩蒂等人创立了古典经济学流派，亚当·斯密（1776）强调技术进步、劳动分工及资本积累是经济增长的基石；马尔萨斯（1798）则持相反观点，认为长期的经济增长难以实现，主要归因于经济增长模式与人口数量的显著差异；大卫·李嘉图（1817）进一步探讨了劳动、资本和土地等关键要素的边际报酬递减规律，同样指出经济长期增长的不可行性。然而，新古典经济学派则专注于探究经济长期增长的潜在可能性。罗伯特·索罗（Robert Solo）（1956）是新古典经济学派中具有代表性的人物，《对经济增长理论的贡献》是他通过相关研究形成的理论专著。新古典经济学理论是20世纪50年代经济增长理论持续深化的重要标志。在发展理论模型这方面，索罗模型和新古典增长模型进一步代替了哈罗德-多玛增长模型，新古典主义增长理论的模型也包括姆齐-卡斯-库普曼斯模型。相关研究在不断深入，新的增长模式的劣势逐渐显露，由于它不能假设规模效率没有变化，因此在外生给定增长率的情形下，只能对技术进步与劳动力增长率的问题进行阐释。正是因为新古典增长理论和实证研究在持续地发生变化，才出现了"内生增长理论"。

经济增长新理论中的技术、人力资本与创新。学者们主动对新古典经济增长理论进行更深一步的思考，20世纪中期，罗默和卢卡斯等经济学家取得了新的突破，他们分别构建了两种不同的模型：完全竞争模型和垄断竞争模型。这些模型为经济增长新理论的创立奠定了基础。后来，罗默与阿罗等学者坚持研究"干中学"，形成了"Arrow-Romer"模型，其与生产要素的边际产品递减效应受到知识溢出的影响有关。这一模型表示企业的知识与技术的积累，其一能够促进企业的生产经营，其二能够促进全社会的技术更新，提高企业的生产力要依靠技术，以此来实现经济长期增长的目标。但该模型单纯地将技术或知识投资作为企业的实物资本投资，从而忽视了外部因素对技术或知识的影响，未能达到帕累托的最佳效应。此后，罗默、卢卡斯等人在技术创新、人力资本外部性等方面对经济长期增长的作用进行了更深入的阐释。Barro（2001）指出，增加对企业的实物资本投资在促进经济增长方面起着重要作用。尽管一些学者对人力资本推动经济增长持否定态度，但这也无法改变学术界普遍肯定这一观点的事实。在对亚洲新兴工业化国家的经济发展进行研究后，Sengupta（1993）表示，人力资本积累是促进这些国家经济增长的关键因素，并作出了重大贡献。Kremer（1993）采用大量的实证研究发现，技术研发的规模会影响经济增长。

经济增长多元因素：制度、外资与结构。早期，学者们从不同的角度出发，研究了物质资本、人力资本、技术发展等传统因素对经济增长的作用。然而，从 Grossman 和 Helpman（1991）、Aghion 和 Howitt（1992）、Romer（1993）开始，他们把对经济增长产生影响的因素研究从传统角度延伸到了一个全新的领域，学者们开始着眼于研究制度组织、基础设施建设、外商直接投资、产业结构以及其他因素在经济长期增长中起到的作用。其中，诺斯（1994）是制度经济学派的代表人物之一，他认为制度设计是经济增长的源泉。可知，当一个国家的制度发生修正和变化时，制度差异便是影响地区经济增长的关键，经济增长的动力是有效合理的制度。另外，多数学者经过广泛的实证分析发现，外商直接投资是促进发展中国家经济增长的关键因素。Rodriguez Clare（1996）表示，外商的直接投资能够促进发展中国家的进步，主要表现在技术创新、经济发展等方面。无论是人力资本、资本的积累和人口的规模，还是环境规制政策、产业结构以及外商直接投资，这些都是影响经济增长的关键因素。对影响经济增长的因素进行研究的主要目的是，厘清环境保护与经济增长的关系。因此，本书的指导理论为经济增长理论，为后续进行实证研究提供了充足的理论基础。

综上所述，本书采用科学的方法论进行指导，以正确认识事物的本质与发展规律，进而逐步形成本书的写作思路与研究框架，能够为后续的进一步研究打下坚实的理论基础。同时，在进行进一步研究时，更注重经济增长、环境规制与技术进步三者之间关系的探讨，对经济增长理论的发展历程进行总结，确定了主要的研究路径和重点问题。此外，从宏观角度解释环境污染对经济发展的影响，以及企业技术进步对环境的影响，进一步引出了理论研究的演变过程以及经济增长、环境规制与技术进步的关系。

### 2.1.3 环境污染影响经济增长的相关理论

以"环境污染与经济增长"为主题进行研究发现，较有代表性的是"污染避难所假说"和"环境库兹涅茨曲线"，"污染避难所假说"侧重于探讨污染迁移与贸易结构之间的关联性；而环境库兹涅茨曲线则专注于探讨经济增长（或收入水平）与环境污染之间所呈现的倒"U"形关系。

1. "污染避难所假说"

"污染避难所假说"，亦称"污染天堂假说"，系由早期学者在研究发达国家与发展中国家之间的贸易结构与污染迁移时提出的重要学术观点（Walter et al.，1979；Copeland et al.，1994）。此假说揭示，鉴于发达国家或地区环境规制的严格性，排放污染物较多的企业在这些地区所需承担的税费显著高于环境规制较为宽松的地区。这种成本差异导致发达地区的生产成本较高，而较不发达地区的生产成本相对较低。在资本逐利的驱动下，发达地区的污染密集型产业倾向于迁移到环境规制较为宽松、生产成本较低的较不发达地区。随着时间的推移，这些较不发达地区可能会逐渐变成发达国家转移污染的"天堂"。从经济发展与环境污染的关系来看，这一现象与环境库兹涅茨曲线的理论基本吻合，"污染避难所假说"进一步揭示了污染企业在经济发展水平各异的地区间的迁移现象。这种迁移不仅对这些地区的原有环境污染状况产生了显著影响，还对其经济发展水平、贫困状况和收入差距产生了深远影响。

2. 环境库兹涅茨曲线

美国经济学家库兹涅茨在对收入分配与区域经济增长阶段进行详尽研究后，提出了环境库兹涅茨曲线理论。他观察到，随着经济发展阶段的转变，产业结构出现显著性变化，进而导致区域间收入分配的差异明显。在经济发展初期，经济增长速度的加快往往伴随着区域收入分配差距的扩大；然而，当经济进入成熟阶段，则倾向于缩小这些差距。因此，经济发展与区域收入分配之间呈现出一个典型的倒"U"形关系。

随后，众多学者将这一理论扩展至环境污染与经济发展的研究领域，将人均收入水平作为衡量经济发展的核心指标，进而形成了环境库兹涅茨曲线理论。

从图2.1所示的环境库兹涅茨曲线中我们可以观察到，在地区人均收入水平较低时，该区域的环境质量通常较好，污染程度相对较低。然而，当经济发展需求超越环境保护需求时，随着经济增速的加快和人均收入的增加，环境破坏程度将逐渐加剧。当人均收入达到某一临界点（如图 2.1 中的点 $P$ 所示）时，环境污染将达到峰值。随后，随着人均收入（经济发展水平）的持续增长，受经济转型、政府加强环境规制等多重因素的影响，环境污染将得到一定程度的减少。因此，环境污染与人均收入（或经济发展水平）之间亦呈现出一个倒"U"形关系。

依据环境库兹涅茨曲线理论，经济增长的水平受环境污染程度的影响。同时，不同地区的经济水平、贫困状况和收入差距也存在差异。一般而言，环境污染较为严重的地区，其经济发展水平往往较低，同时贫困和收入差距也相对较大。这揭示了环境污染程度与贫困、收入差距之间的相互作用关系。

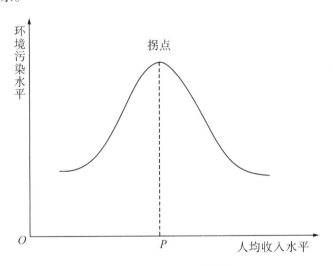

图 2.1　环境库茨涅茨曲线

### 2.1.4　技术进步理论

在技术进步理论方面，国内外学者已经通过实证分析得出了系统且深入的研究成果与结论。在实际应用中，我们需要根据具体情况选择恰当的技术进步路径，以指导各类经济活动的有效进行。

1. 后发优势理论

技术进步后发优势理论认为，欠发达地区会引进和学习发达地区先进的技术，并且在努力追赶发达地区经济的过程中，会展现出技术进步后发优势，欠发达地区同发达地区相比，其经济水平和技术发展水平较低，欠发达地区引进技术的速度越快，表明该地区的经济发展就越迅速。然而，关于技术进步所带来的后发优势是否能够有效缩小发达地区与欠发达地区在技术领域的差距，进而推动经济的深度融合，学者们持不同观点。"蛙跳"模型由 Brezis 等（1993）提出，他们描述了这样一种现象：由于发达地区的技术更成熟，其在新技术研发上可能存在迟缓；而欠发达地区则有机会通过引进这些已成熟的旧技术，迅速赶上甚至超越发达地区。但实践经验显示，这一趋势与全球经济现实不符，技术输出国与引进国之间的差距实际上在扩大。因此，有学者开始探讨"技术进步后发优势的悖论"，以解释为何后进者优势未能如期显现。核心原因包括技术输出国与引进国在资源禀赋结构上的不契合（Acemoglu et al.，2001），技术革新在适用性和选择倾向性上的挑战（Basu et al.，1998），以及技术引进国在技术与基础设施层面的显著差距所带来的技术障碍。具体而言，这种情况往往源于引进国在技术内化、复制与实践层面的能力欠缺，从而对后发优势的释放形成了制约。

2. 要素禀赋论

大卫·李嘉图作为英国古典政治经济学的卓越代表，提出了备受瞩目的比较优势理论。其后，赫克歇尔等学者深化了这一理论，提出了"要素禀赋论"。此理论强调，各国（地区）皆有其独特的要素禀赋，它们应充分发掘这些天然优势，通过进口稀缺资源及相对匮乏的产品，以及加大对物质资本、技术创新与人力资本的投资，以培育具备比较优势的本土产业。这些产业将有效吸引资本，推动国内技术创新，进而促进经济增长。以比较优势理论为基础的"要素禀赋论"，为经济发展和产业策略规划提供了新颖的思路。我国学者林毅夫（1999，2003）率先引入这一观点，并提出政府应制定与地区要素禀赋相契合、因地制宜的技术追赶策略，以更有效地利用比较优势，推动经济增长和技术创新。陈有芳（2009）进一步强调，区域生产技术的选择与要素禀赋的匹配并非一味地追求技术尖端，而是应选取适应当地要素条件的生产技术。许岩和尹希果（2017）通过实证分析中国经验数据发现，人力资本在要素禀赋中占据核心地位。在区域人力资本积累不足的情况下，技术路径的选择应顺应要素禀赋的发展规律；然而，适度地偏离要素禀赋也可能带来更为显著的效果。

3. 以竞争优势理论为基础的"技术赶超说"

美国杰出经济学家迈克尔·波特首次阐释了竞争优势理论，该理论将竞争优势细分为两个层面：基于原材料与劳动力的基础竞争优势以及聚焦于产品创新与技术革新的高级竞争优势。在波特假说的指导下，技术进步成为各国竞相追求领先地位的关键策略。各国普遍加大对创新研发的投资力度，力求在技术上实现突破，从而获得竞争优势。对于发展中国家而言，利用这种竞争优势尤为关键，有助于推动经济增长，降低对外部先进技术的依赖，并避免在技术密集型产业的竞争中错失先机。国内学者如杨文爽和刘晓静（2018）、宋学印（2017）、李俊江（2017）、洪银兴（2010）等普遍认为，将竞争优势理论与技术追赶战略相结合，是提升国家经济水平和综合实力的明智之选。

本书基于技术进步与发展理论的三种策略选择，着重强调技术创新是国家经济发展的核心驱动力。对于发展中国家而言，尽管引进国外先进技术能够增强比较优势并发挥国内资源潜力，但与发达国家存在的技术差距以及对技术确定性和技术引进的过度依赖，会对发展中国家的自主创新构成挑战。从长远视角来看，过度依赖技术引进可能导致技术引进国在技术输出国面前处于被动地位。因此，自主技术创新才是确保国家经济持续健康发展的根本之道。要想促进经济长期稳定、正常运转，必须通过技术追赶、技术创新以获取相应的竞争优势。

## 2.2 国内外研究现状分析

### 2.2.1 国内研究现状

1. 经济增长与环境规制的相关研究

在探讨环境规制对经济增长的影响效应时，学术界展现了多元化的研究视角和观点。通过梳理相关文献，可以发现大致分为三种观点：一是环境规制对经济增长具有促进作用，二是环境规制对经济增长具有阻碍作用，三是环境规制与经济增长之间呈现出非单一性或非线性关系。

首先，有研究表明，环境规制对经济增长具有促进作用。陶静

（2019）通过构建经济增长的多维度框架，并应用主成分分析法和熵权法，对 2000—2016 年中国环境规制政策对经济发展的影响进行深入研究，结果表明，加强环境监管能够有效提升中国经济发展的质量。刘志雄（2016）则利用 1990—2013 年中国与六个东盟国家的相关数据，探究了出口政策与环境法规对经济增长的促进作用，发现强化这两方面的规制可以加快中国经济增长的步伐。另外，张红凤（2009）在对比全国与山东省的环境库兹涅茨曲线时发现，山东省的环境规制力度高于全国平均水平，并据此得出环境规制对经济增长具有显著正面影响的结论。

其次，也有研究认为环境规制对经济增长具有阻碍作用。王文普（2011）运用中国 31 个省份（不含港澳台）的二氧化碳（$CO_2$）和二氧化硫（$SO_2$）减排数据作为环境规制力度的量化指标，通过实证研究揭示了 $CO_2$ 减排对地方经济发展和生产率增长的潜在不利影响，同时指出，省际环境规制竞争亦对地方经济增长产生了抑制作用。陈玲（2014）基于 2003—2010 年新疆 14 个地区的数据，采用随机前沿分析（SFA）模型进行了实证分析，发现地方政府的环境规制措施与资源税对能源效率的正面影响与负面影响相互抵消，最终导致环境规制成为经济增长的制约因素。赵小维（2014）借助空间杜宾模型，对 2004—2009 年地级市环境规制政策间的竞争与区域增长效应进行了实证检验，指出区域间环境规制政策的"竞相模仿"策略在提升区域经济增长上并未发挥积极作用。

最后，环境规制与经济增长之间呈现出非单一性或非线性关系。袁一仁（2019）深入探讨了长江三角洲城市在环境规制的多维度作用下，其绿色经济增长效率的变动趋势。研究发现，各层次的环境规制措施均有其特定的适用范围，而较高层次的环境规制措施有可能成为推动绿色经济发展的积极因素。孙元军（2019）依据东部、中部及西部地区的产业结构数据，揭示了环境规制在经济增长中的复杂影响。他指出，东部与中部地区的经济发展在环境规制强化的背景下呈现出积极的态势，而西部地区则面临截然相反的情况，即环境规制的强化对其经济发展产生了一定的限制。弓媛媛（2018）则通过面板模型进行分析，验证了环境规制在促进绿色经济增长方面所展现的"非线性"与"滞后性"的双重特征，这使得不同地区的绿色经济增长效率呈现出空间异质性。这些研究结果表明，环境规制与经济增长的关系并非简单的线性关系，而是受到多种因素的影响，从而呈现出复杂的异质性特征。

2. 环境规制与技术进步的相关研究

（1）环境规制研究：国内学者成果丰硕

在环境规制领域的研究中，全要素生产率（TFP）占据着举足轻重的地位。王兵等（2008）对 1980—2004 年 APEC（亚太经济合作组织）17个国家和地区的全要素生产率与碳排放管理策略之间的关系进行了详尽的剖析。他们借助 Malmquist-Luenberger 指数方法与方向性距离函数，精准地衡量了 TFP 的水平。研究结果表明，二氧化碳排放的约束对生产率的增长具有显著的正面效应，这些国家和地区的生产率呈现出显著的增长态势。李玲和陶锋（2012）将研究焦点放在中国，他们运用 1999—2009 年28 个制造业行业的面板数据，深入探讨了绿色全要素生产效率与环境规制之间的内在联系。他们将这些行业细分为重度、中度和轻度污染三类并进行专项研究。研究结果显示，在中度和轻度污染行业中，环境规制的加强在初期可能会对绿色全要素生长率产生一定的抑制效果，但随后会迎来增长；而在重度污染行业中，环境规制的加强能够推动绿色全要素生产率和技术水平的稳步提升。刘伟明和唐东波（2012）通过考察 2000—2009 年中国 30 个省份的工业数据，也验证了环境规制对全要素生产率增长的积极作用。

李树和陈刚（2013）聚焦于 2000 年修订的《中华人民共和国大气污染防治法》，采用倍差法深入分析了其对工业企业全要素生产率的影响。结果表明，该法的修订对于推动空气污染密集型工业行业的 TFP 增长具有积极作用。这一发现有力地证明了环境保护与经济发展并非互斥，而是可以实现共赢的，而环境规制正是推动这一共赢目标实现的核心手段。与此同时，梁泳梅和董敏杰（2015）的研究则选取了污染治理生产率这一独特视角，将其作为桥梁来探讨环境规制对 TFP 的影响机制。他们基于 2001—2008 年中国的工业面板数据进行实证研究，发现污染治理生产率的提升能够显著推动工业 TFP 的增长，其提升幅度高达 40%。此外，他们还发现，当污染治理成本占工业增加值的 3.8%～5.1% 时，存在一个关键的"U"形拐点。

傅京燕与李丽莎（2010）基于 1990—2004 年中国 24 个制造业行业的面板数据，深入分析了环境规制对制造业竞争力的潜在影响。他们指出，在污染密集程度较高的制造业领域，环境规制标准更为严格，导致这些行业的竞争力相对较低。此外，他们还发现环境规制与技术创新之间呈现"U"形关系。黄秋凤等（2020）则利用2014—2017年中国A股上市公司的数据，检验了本地和邻近地区环境规制对TFP的影响。他们发现这两种影响都是有益的，表明环境规制在促进全要素生产率方面发挥着积极作用。

（2）波特假说国内验证成果显著

熊鹏（2005）依据波特假说与新古典经济学理论，对经济发展与环境规制理论进行了深入的比较与剖析。他强调，要使波特假说得以实现，关键在于国家或地区的具体实际状况，以及环境规制的科学制定与有效执行。然而，当前中国的发展状况尚未达到波特假说所设定的条件标准。赵红（2007）以1996—2004年中国18个二位数产业的面板数据为基础，探讨了环境规制强度对专利申请量及研发（R&D）投入的影响。研究结果显示，在环境规制滞后三期的情况下，专利申请量及R&D投入均呈现出显著的增长趋势。而张成等（2011）则通过1998—2007年中国30个省份的工业面板数据，验证了波特假说在中国的适用性。他们的研究揭示，当环境规制水平处于较低阶段时，技术进步会受到一定的制约；然而，一旦环境规制水平超过某一临界点，技术将会获得显著的进步。这一现象在中国中部和东部地区尤为显著。

（3）国内环境规制创新效应研究

黄德春和刘志彪（2006）采用实证与理论相结合的方式对企业自主创新与环境规制的关系进行研究。在实证研究部分，学者们主要围绕海尔公司的案例进行分析。在理论探讨环节，学者们运用环境政策与新技术引进的均衡模型进行深入分析。他们发现环境规制在推动企业技术创新方面起到了显著的作用，以海尔为例，该企业正是凭借技术创新，显著提升了其在国际市场上的竞争力。

江珂（2009）基于1995—2007年中国29个省份的面板数据，通过实证方法深入分析了环境规制对创新活动的正向效应。研究结果表明，环境规制显著促进了专利授权数量的增加，体现了其在创新活动中的积极影响。王国印和王动（2011）采用实证方法，利用1999—2007年中国中东部地区的面板数据，探讨了环境规制的创新效应。研究发现，在中部地区，环境规制对技术进步的促进作用不明显，而在东部地区则表现出显著的正向影响。这种差异可能与地区经济发展水平的不均衡有关。

李平和穆绣如（2013）利用2002—2009年中国的行业面板数据和地区面板数据，深入研究了环境规制的创新效应在不同行业和区域间的差异。他们发现，在污染严重的行业中，环境规制推动了技术进步；而在污染较轻的行业中，环境规制则在一定程度上阻碍了技术进步；对于中度污染的行业，影响则不明显。从地域差异的视角分析，能源利用效率较高、经济较为繁荣的地区，其实施的环境规制政策对技术创新产生了显著的正向影响，而在能源效率低、经济落后的地区实施环境规制政策则不利于技术进步。

蒋为（2015）运用固定效应Probit回归模型，深入探讨了环境规制对制造业企业的研发创新活动的影响机制。他对2003年世界银行对中国18个城市2 400家企业的营商环境调研数据进行了详尽的分析。研究结果显示，严格的环境规制政策对制造业企业研发成本的增加产生了正向效应，特别是在知识产权保障更为严密的城市和污染问题较为严重的行业中，这种效应尤为显著。环境规制不仅推动了企业生产工艺的改进和产品创新，还激励了企业加大研发投入。

臧传琴和张菡（2015）借助2000—2013年中国的省级面板数据，通过门槛回归模型，实证分析了环境规制的创新效应的地域性差异。研究指出，环境规制的创新效应存在明显的地域性差异：在西部地区，环境规制对技术进步造成了一定程度的阻碍；中部地区的影响效应尚不明显；而在东部地区，环境规制则对技术进步产生了积极的推动作用。此外，他们还发现环境规制对技术进步的影响呈现出"门槛"特征：当环境规制强度未达到一定门槛时，可能会限制技术进步；然而，环境规制强度一旦超过该门槛，则会显著促进技术水平的提升。郭际和张扎根（2016）利用1970—2010年环境规制对技术创新产生影响的28篇文献进行了研究，对其采用定量文献分析的Meta回归方法，并建立10个假设，对样本容量、数据时间跨度、观测年数以及样本来源国进行综合考量。此项研究揭示了方法特性与样本特性对研究结论的显著影响。具体而言，当采用OLS回归模型时，技术进步与环境规制之间的关联性更为显著；然而，在运用面板数据回归模型时，二者之间的关联性则呈现减弱趋势。这一发现对于未来的相关研究具有重要的指导意义。

（4）环境规制对技术进步的多样性研究

针对环境规制如何影响全要素生产率、经济增长、技术进步和国际竞争力等议题，国内外学者进行了大量研究。尽管尚未形成一致的结论，但已有研究普遍表明，环境规制对企业的技术进步具有显著影响。本书特别关注不同环境规制策略对技术进步产生的差异化影响，以期丰富该领域的研究内容。国内外学者在实证分析和理论探讨中采用多样化的思路和方法，测算手段和研究视角的多样性为本书提供了宝贵的指导和借鉴。

"波特假说"表示，环境规制通过促进技术创新和技术进步来促使企业提高生产率，减少产品的生产成本，提高企业的竞争力，使经济增长向长远发展，因此提升环境质量和促进经济发展以及实现双赢要依靠环境规制。在探讨技术进步与环境规制之间的关系时，国内学者多以"波特假说"为理论基础进行深入分析。他们利用来自不同地域和行业的数据构建模型，以全面考察两者的相互作用，得出的研究结论丰富多样。这些结论涵盖多个方面的内容，例如有研究发现"环境规制政策的实施有效促进了技术进步"，还有观点指出"环境规制对技术进步产生了一定的阻碍作用"。此外，也有研究揭示了环境规制对技术进步的影响呈现出非线性或异质性的特征，甚至有的研究结果表示"环境规制与技术进步之间并未呈现出显著的相关性"。

（5）环境规制对技术进步的多维度影响

首先是环境规制推动了技术进步。企业在严格按照环境标准进行生产活动的过程中，通过不断的技术创新和市场拓展，成功获得了竞争优势，进而扩大了市场份额并提升了企业利润。这种积极的市场反馈进一步激发了企业对研发活动的重视，促使其增加技术创新的资金投入，从而推动了专利申请数量的增加和全要素生产率的提高。张国勇（2020）基于翔实的数据和指标，构建了时间序列分析模型，对2000—2015年辽宁省的技术创新与环境规制之间的关系进行了深入的量化研究。研究结果表明，合理的环境规划策略对技术创新具有显著的正面推动作用。与此同时，姚小剑等（2020）运用Undisirable-SBM与Super-Efficiency模型，对长江经济带沿线11个省份的绿色经济增长效率进行了精细化的评估分析。他们将这一过程细分为四个阶段，并发现市场导向的环境规制对处于产业转型期的绿色技术创新效率（GTIE）的提升具有积极的促进作用。此外，公众导向的环境规制在技术发展期对GTIE的提升也展现出了积极的推动作用。凤亚红（2020）则对2001—2016年高污染煤炭行业中的工业企业面板数据进行了实证分析。研究结果显示，环境规制在刺激研发投资和促进专利产出方面扮演了关键角色，为理解环境规制与技术进步之间的内在联系提供了新的见解和实证支持。

其次是环境规制对技术进步产生了阻碍作用。解垩（2008）利用1998—2004年我国的省际面板数据，发现环境规制政策的实施会减少污染物的排放，但是也会对技术进步与技术创新构成阻碍。李玲等（2012）在研究中将技术进步细分为技术效率和技术变动两个层面，并指出环境规制对我国工业领域的技术变动产生了明显的制约作用。占佳（2015）以2003—2010年我国的省际面板数据为基础，深入探讨了多样化的环境规制对技术创新产生的影响。该研究发现，命令控制型环境规制对技术创新产生的影响不大。从短期来看，市场机制型环境规制会阻碍技术创新；从长期来看，自愿型环境规制同技术创新呈负相关的态势。

再次是环境规制对技术进步的影响是非线性的或者是异质性的。张成等（2011）以1998—2007年为样本区间，通过实证分析得出，在我国的中部与东部，环境规制与技术进步之间呈现出一种"U"形曲线关系。从区域异质性的角度来看，沈能（2012）提出了一个论点，即环境规制的创新效应呈现出一种"U"形曲线趋势，同时这种创新效应的程度显著受到地区经济发展水平的影响，经济水平与环境规制的创新效应呈正相关关系，即经济水平越高的地区，环境规制的创新效应越明显。蒋伏心等（2013）基于江苏省28个中观行业的面板数据，对环境规制与行业的创新研发进行了实证分析，发现二者间存在"U"形关系。王杰等（2014）基于1998—2007年我国的工业企业数据，以污染程度的大小将污染行业划分为三类：第一类是重度污染行业，第二类是中度污染行业，第三类是轻度污染行业，通过实证分析得出，环境规制的力度与企业的生产率呈现出倒"N"形关系。经过深入研究发现，仅有极少数重度污染行业能够成功跨越该曲线的首个拐点，其他重度、中度、轻度污染的行业未能实现对第一个拐点的突破。张立恒（2020）以河南省18个城市工业企业的面板数据作为研究基础，对环境规制对城市企业群技术可持续创新的影响机制进行了研究，提出环境规制对企业创新活动的反馈存在滞后性，并且这种滞后性在不同地区的企业经营活动中会有所差异。李春（2020）通过实证分析，探讨了不同环境规制措施对技术创新活动的差异化影响，指出在宏观层面，中国的技术创新主要依赖于直接控制型环境规制。在划分区域进行研究时，直接控制型环境规制显著促进了中西部地区的技术创新，但阻碍了东部地区的技术创新，可以看出，"软"措施在东部与中西部地区的作用相反。王珍愚（2020）基于上海、深圳股市上市公司的绿色专利数据，以2004—2015年为样本区间，使用全面系统的GMM估计法对环境规制与绿色技术创新的关联性进行了深入研究。研究结果表明，环境规制与企业绿色技术创新之间存在一种"U"形曲线关系。进一步分析发现，不同类型的企业（如非国有企业与国有企业）以及不同行业（如污染型行业与清洁型行业）在面对环境规制时，所展现出的容忍度存在显著差异，这种差异主要体现在"U"形曲线拐点出现的时间间隔有所不同。

最后是环境规制与技术创新的关系呈现出非显著性，直接联系不明显。环境规制与技术创新之间的关联性表现出一定程度的模糊性。吴清（2011）的研究指出，在中国背景下，环境规制与技术创新之间的关系并不显著。江珂（2011）通过实证研究进一步阐释了这一观点，他发现在西部地区，环境规制并不能自动促进技术创新；然而在东部和中部地区，当环境规制与适量的人力资本相结合时，可以催生出更显著的创新效应。涂正革（2015）利用倍差法分析了中国二氧化硫排污权交易试点对波特效应的激发作用，结果表明在短期内，排污权交易机制并未有效减少二氧化硫的排放，且无论短期还是长期，中国的排污权交易试点制度都未能明显展现出波特效应。波特效应的出现依赖于政府与市场策略的协同推进。这些研究结论显著反映了环境规制的创新效应具有地域性差异。譬如，张成等（2011）的调研结果显示，在中国西部地区，环境规制与技术进步之间并未展现出显著的联动关系。

### 2.2.2 国外研究现状

1. 经济增长和环境规制的相关研究

Hamamoto（2006）以日本制造业的相关数据为样本数据，提出加强环境规制能够促使企业增加研发支出，进而对提升全要素生产率产生重大的积极作用。Azevedo（2010）基于 Replan 和 Petrobras 研发部门采集的一级与二级数据，分析了巴西政府针对空气、水、低污染柴油和土壤污染等环境问题所施行的环境规制政策对当地炼油企业的影响及作用机制。研究结果表明，这些环境规制措施不仅有效地提升了经济效率，还成为推动生产工艺更新以及促进高污染产业采纳清洁技术和实现技术革新的重要手段。此外，Jorgenson 和 Wilcoxen 以 1973—1985 年美国的经济增长模型作为研究对象，结果显示，环境治理成本在政府购买服务和商品的总成本中占比超过了10%，这一负担致使美国经济总量的增长速率降低了 0.1 个百分点，反映出环境规制政策对美国企业的运营成本构成了上升压力，从而对生产效率产生了负面效应。

Rutqvist（2009）采用 SFA 模型进行实证分析，发现环境规制对美国制造业的发展并不能发挥明显的促进作用，特别是对污染密集型行业。Chin-trakarn（2008）在深入研究美国各州的数据后，并未找到环境规制对技术效率具有显著提升作用的确凿证据，因而对环境规制能够驱动美国经济增长的论点表示疑虑。Amagai（2007）则指出，严格的环境规制迫使企业投入大量资源，用于技术研发与创新，导致企业的运营成本显著攀升。然而，与此相关的技术成果所带来的利润往往难以完全覆盖技术开发的成本，这表明严格的环境规制可能对经济增长产生一定的抑制作用。

2. 环境规制与技术进步相关研究

波特假说：环保促经济，创新增效益。Porter（1991）首次提出了"波特假说"，随后 Porter 与 Linde（1995）共同对该理论进行了完善。这一理论主张环境保护与经济发展并非相互排斥，而是可以相辅相成的。该理论认为，虽然合理有效的环境规制措施在短期内可能会增加企业的运营成本，但从长远来看，这些措施能够激发企业的技术创新和技术革新，推动生产力的提升，并最终抵消环境治理成本给企业带来的压力，从而增强企业的竞争力和盈利能力，推动经济迈向更高的发展阶段。"波特假说"一经提出，便在学术界引起了广泛的关注和讨论。众多学者围绕这一假说进行了深入的实证分析，并得出不同的结论。其中，既有支持"波特假说"的观点，也有持反对意见的。在支持"波特假说"的阵营中，学者们进一步将相关理论细化为"弱波特假说"和"强波特假说"等多个维度。Johnstone 基于全球 77 个国家的专利数据，深入分析了公共政策在推动技术创新方面的作用。尽管其研究样本规模有限，但结果均指向一个共同的结论：更为严苛的环境规制对技术创新有着积极的推动作用。Hattori（2017）则聚焦于监管机构为促进清洁技术创新和减少污染物排放而实施的环境规制政策。他发现，当企业面临的污染成本或相关产品的税收负担呈现较小的需求价格弹性时，高额的碳排放税能够有效激励企业进行技术创新。在探讨美国制造业领域时，Brunnermeier 以 1983—1992 年为样本区间，研究发现，随着环境法规的完善及监管力度的加大，美国制造业企业的技术创新得到了明显的促进。Jaffe 和 Palmer 则提出环境规制对技术进步的影响具有异质性。他们发现，环境规制对研发支出的影响具有显著的滞后性和积极性，但在专利申请方面的影响却并不显著。

环境规制对国际竞争力、经济发展和生产率的影响是学术界持续关注的重要议题。从环境经济学的经典视角出发，经济增长和技术进步往往受到环境规制的消极影响。这一消极影响主要源于环境规制导致的污染社会成本内部化，从而提高了企业的运营成本。这些"遵循"环境规制的成本在一定程度上挤压了企业的研发投入，进而可能阻碍技术进步，对经济发展产生负面效应。Dieter Wastl 和 Klaus Conrad（1995）的研究表明，在环境规制下，企业的资本和物质投入会部分转向支付环境要素成本，这在一定程度上导致企业全要素生产率（TFP）的下降。他们基于 1975—1991 年德国 10 个污染密集型行业的数据，将环境视为生产要素的投入，从而更准确地测量了 TFP，并深入探讨了环境规制对 TFP 的影响程度。该研究发现，环境规制政策的实施导致 TFP 下降了约 2.5%，并指出环境规制较为严格的国家在国际竞争中可能处于不利地位。Wayne B. Gray（1987）利用 1958—1978 年美国 450 个制造业企业的数据，研究了环境规制和安全规制对企业生产率的增长速度的影响。研究结果表明，环境规制和安全规制以及工人健康因素共同导致制造业增长率年均下降 0.44%，其中至少 30% 的经济增长减缓可归因于环境规制和安全规制的影响。Virginia D McConnell 和 Anthony J Barbera（1990）则发现环境规制对生产率增长的影响具有双重性：一是直接影响，即减排措施直接带来的效果；二是间接影响，即环境规制改变了传统的生产过程和投入，进而影响了生产率。他们通过研究 1961—1980 年美国购买的减排设备对五个行业 TFP 的影响，发现环境规制政策的实施导致这五个行业的 TFP 均有所下降，降幅在 9% 至 55% 之间，且不同行业受到间接减排效果的影响各不相同。

然而，众多研究对于环境规制妨碍经济发展的观点持否定态度。Adam Jaffe 等（1995）基于 1965—1988 年美国的数据，探讨了环境规制对国际贸易的影响。其研究结果表明，环境规制并未对企业的国际竞争力产生显著的消极影响。原因主要包括三点：首先，现有数据难以准确衡量不同国家间环境规制标准的差异；其次，环境成本在总成本中所占比例较低，因此对企业竞争力的制约较小；最后，其他西方国家与美国的环境规制强度相似，未形成显著差异。Domazlicky 等（2004）则针对化工行业，探讨了环境规制对全要素生产率的影响。他们利用 Malmquist-Luenberger 生产率指数和方向距离函数，估算了 1988—1993 年化工行业生产率的增长情况，并将全要素生产率的增长分解为技术变化和效率变化两部分。研究结果显示，没有实质性证据能够证明环境规制阻碍了生产率的增长。

"波特假说"作为学术界的热点议题，持续吸引着学者们对环境规制的创新效应进行深入探讨。Vander Linde 和 Porter（1995）、Porter（1991）的研究揭示，污染问题往往源于潜在的能源损失或资源浪费，减少污染需通过提高资源再利用效率来实现。"波特假说"强调，恰当设计的环境法规能够激发企业创新，进而潜在地抵消遵守这些法规的成本，这与传统观念形成鲜明对比，即"波特假说"追求的是成本降低与污染减少的双赢局面。Jaffe 和 Palmer（1997）进一步细化了"波特假说"的三个变体："弱波特假说"认为环境规制能够促进技术创新；"狭义波特假说"强调灵活的环境政策能激发企业更大的创新动力；"强波特假说"则预期合适的环境规制能降低企业成本，推动技术进步。Paul Lanoie 等（2011）通过工具变量法和两阶段回归，利用 2003 年年初七个 OECD 国家（匈牙利、日本、加拿大、法国、德国、美国和挪威）的制造业数据，对这三个变体进行了实证分析。结果显示，"弱波特假说"获得了较强的支持，而"强波特假说"和"狭义波特假说"获得的支持较弱。Karen Palmer 和 Adam Jaffe（1997）的研究聚焦于环境规制对企业创新活动的影响。他们基于 1974—1991 年美国的制造业数据，发现企业遵守环境规制产生的成本与 R&D 支出呈正相关关系，但与专利孵化成果无显著性关联，这一发现与"弱波特假说"相吻合。Yana Rubashkina 等（2015）的研究聚焦于"强波特假说"和"弱波特假说"，利用 1997—2009 年 17 个欧洲国家的制造业数据，发现环境规制显著促进了创新活动，为"弱波特假说"提供了有力支持；然而，该研究并未发现减排力度加大和污染控制增强对生产力的显著影响，从而未能为"强波特假说"提供有力证据。Chih-Hai Yang 等（2012）的研究旨在检验我国台湾地区相对严格的环境规制政策是否能提高企业的生产效率，并激发研发活动。他们利用1997—2003年的行业面板数据，发现R&D 支出与污染减排费用正相关，但污染减排费用的增减对研发活动的影响在统计上并不显著。进一步分析显示，环境规制通过影响 R&D 支出，进一步对工业生产率产生影响，这一发现为波特假说提供了有力支持，表明严格的环境规制能够增强企业的竞争力，而非削弱。

环境规制影响技术进步的路径。Marcus Wagner（2007）依托德国的342 家制造业公司数据，运用负二次项和二元离散选择模型，深入探究了环境规制与技术创新以及以专利数量为衡量标准的环境创新之间的关系。此项研究揭示，利用专利数据识别环境创新具有重要意义，环境规制政策的实施对环保过程中的创新具有积极作用，但同时可能对企业整体的专利生产水平产生一定的抑制效应。Edward Manderson 和 Richard Kneller（2011）为了系统研究环境规制的创新效应，构建了一个创新行为动态模型，并基于2000—2006 年美国制造业的面板数据进行实证分析。研究结果表明，随着企业面临的环境规制压力增大，其在环境资本和环境研发（R&D）方面的投资亦会相应增加。然而，这种影响并未显著反映在总资本和总研发积累上，主要归因于非环境研发支出对环境研发支出的潜在挤压效应。Krysiak F C（2011）在严格的假设框架下，继续深化了对环境规制与技术创新之间关系的研究。该研究构建了包含研发部门和生产部门的经济发展框架，并考虑了技术开发的决定因素，如市场力量、横向和纵向的限时专利保护、技术变化、研发部门的不完全竞争以及不确定性等因素。研究指出，环境规制工具的正确选择对技术进步具有显著的促进作用。具体而言，排污标准和环境税通过垂直方式影响技术进步，并可能使企业倾向于采用研发和使用成本最低的技术。而排污许可证交易则可能同时引发水平和垂直的技术进步，从而加快技术进步的步伐。这一发现对于理解不同环境规制措施影响技术进步的路径具有重要意义。

## 2.3  文献述评

首先，环境规制指标难以准确衡量。环境规制应被视为一个综合性的政策框架，其效果的评估不应仅局限于政策数量的增减。无论是探讨环境规制对技术进步的潜在影响，还是其对经济增长效率的整体作用，都面临着一个共同的挑战：如何精确而全面地衡量环境规制的实际效果。当前的研究往往倾向于采用单一的指标来衡量环境规制，这种做法忽视了其多维性和复杂性，从而导致了研究结论的片面性和局限性。

其次，尽管关于环境规制与经济增长、技术进步之间关系的讨论层出不穷，但对其深层作用机制的探究仍显不足。目前，关于环境规制如何直接影响或间接作用于经济增长，以及这些政策在经济体系中的实际效力的探究尚显不足。由于缺少系统的理论框架和严谨的实证分析方法，我们难以全面且客观地揭示这三者之间错综复杂的关系。

最后，进一步审视现有文献，不难发现其在探讨区域制度多样性和空间联动性方面存在显著局限性。市场化进程的不断加快与区域特色化改革策略的不断深化对经济指标的影响错综复杂，而区域制度的多样性更在一定程度上放大了绿色全要素生产率的地理差异及制度的外溢效应。同时，经济圈的辐射效应也显著增强了相邻地区在环境政策制定上的空间关联性。然而，大多数研究都忽略了这一点，它们往往将经济体视为一个宏观上整合的单元或独立的个体，从而忽视了截面相关性对研究结果的重要影响。

综上所述，当前关于环境规制的研究体系仍需不断完善和深化。尽管相关研究成果呈现出增长的趋势，但在衡量方法的精确性、作用机制的深入探究以及区域异质性和空间相关性的充分考虑等方面仍存在明显的不足和挑战，多数研究单一地关注正式的环境规制，而很少从公众参与的非正式环境规制的视角进行研究。在研究环境规制与技术进步的文献中，学者们通常都是通过实证检验得出的结论，特别是在中国，学者们对理论机制的研究较少，主要是从实证角度出发。此外，现有的衡量环境规制政策效果的标准多样，受到数据可获得性的影响，部分研究会利用综合指数法。

但由于研究样本的年份区间较早，数据信息不够完整，不能够完全反映近期环境规制的力度，有一些研究会采用单一指数法来衡量。这些衡量方法都会在一定程度上影响研究的结果。而且，目前大多数关于环境规制影响的实证研究主要聚焦于其直接效应，相对而言，对于中介变量所起到的间接调节作用则缺乏足够的重视。

# 3 百色试验区经济增长与环境规制现状

## 3.1 百色试验区经济发展现状

### 3.1.1 地理位置与综合实力

广西百色试验区是全国首个地级市全域覆盖的沿边重点开发开放试验区，地处中国西南边陲，与越南高平省和河江省相邻，边境线全长 359.5 千米，共有七个边境贸易区（点）和龙邦、平孟两个口岸。百色市位于中国与越南的接壤地带，是占地面积最大的地级市之一。它不仅是我国与东盟国家开展合作与交流的关键区域，还构成了西部陆海新通道的核心组成部分。更重要的是，百色市作为西南地区以及中南地区通往中南半岛与粤港澳大湾区的交通枢纽，具有重要的战略地位。此外，百色还是左江革命老区、资源富集区、后发区、少数民族聚居区，是广西实现巩固拓展脱贫攻坚成果同乡村振兴有效衔接的重要地区。

改革开放以来，尤其是随着西部大开发战略的深入推进，百色市在经济建设和社会发展领域取得了瞩目的成就。它成功地从传统农业区转型为现代工业城市，交通状况也得到了极大改善，从过去的交通不便转变为区域性的重要交通枢纽。此外，百色市还成为中国西南地区一个极具影响力的沿边开放城市，为地区乃至国家的经济发展作出了重要贡献。百色市是"南菜北运"的重要地点，也是亚热带水果、国家商品粮、优质蚕茧等特色农产品的生产地。百色市的芒果种植面积稳居全国第一，且百色市的国家地理标志保护产品数量、有机农产品的基地面积以及油茶种植面积均位于广西第一。百色市是珠江上游重要的生态保障，共有五个县（区）为国家重点生态功能区。百色市作为中国十二大红色旅游区之一，拥有丰富的生态旅游资源、红色旅游资源、民族文化旅游资源以及卫生资源。

在广西 14 个设区市中，2020 年百色市的经济总量排名第 7。在"十三五"期间，百色市外贸进出口总额的年平均增长率达到 27%；高速公路的里程有 840 千米，铁路的里程有 804 千米，机场航线能到达国内的 10 个省会以及中心城市。百色市是中国十大有色金属矿区之一和"西电东送"的重要基地。2020 年百色市铝工业的产值约 706 亿元，产业形成新格局——"以铝为主、多业并举"。

2021 年，百色市的经济实力稳中有进，发展潜力大，根据核算，百色市全年的地区生产总值达到 1 568.71 亿美元，利用可比价进行计算，同比增长了 9.8%。工业能够为经济的发展提供强有力的支撑，百色市工业增加值为 552.51 亿美元，同比增长 11.1%。企业效益日益提高，全市工业企业利润总额达到 112.59 亿美元，同比增长 128.3%；全市具有一定规模的工业企业利润同比增长 7.2%，提高了三个百分点。此外，固定资产投资依旧保持快速增长趋势，同比增长 26.4%；民间固定资产投资同比增长 37.3%，基础设施投资同比增长 45.9%。

### 3.1.2 工业和建筑业发展状况

2021 年百色市的工业增加值为 552.51 亿美元，同比增长 11.1%。截至 2021 年年底，全市规模以上的工业企业共有 424 家，工业增长率达到 11.7%（见图 3.1）。

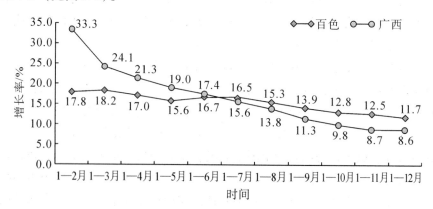

图 3.1　2021 年广西、百色规模以上工业增长率

在规模以上工业企业中，从经济类型来看，股份制企业、港澳台商投资企业、非公有制企业的增长率分别为11.6%、5.9%、18.2%；而国有控股企业下降了0.8%。轻工业和重工业的增长率分别为35%、10.7%。分类别看，采矿业下降了10.8%，而制造业的增长率为10.2%。同时，在电力、热力、燃气以及水的生产和供应领域，增长率达到26.4%。

在核心产业领域，农副食品加工业相较于上一年度，实现了43.9%的增长率；石油煤炭及其他燃料加工业下降了74.4%；木材加工以及藤、棕、木、竹、草制品业也出现了3.9%的下滑。然而，化学原料及化学制品制造业则呈现出4.7%的增长。在非金属矿物制品领域，其增长势头强劲，实现了15.1%的增长。与此同时，有色金属冶炼及压延加工业也取得了显著进步，增长率达8.3%；黑色金属冶炼及压延加工业亦有所增长，具体表现为9.1%的增幅。电力、热力生产和供应业在增长方面表现突出，其增长率高达27.2%。值得一提的是，计算机、通信和其他电子设备制造业的增长率达到98.5%。从产品产量看，在主要工业产品中，电解铝产品同比增长9.6%、铝材增长16.3%、铁合金增长0.9%、人造板增长20.0%、机制纸及纸板增长34.4%、烧碱增长5.7%、二氧化锰增长12.5%、水泥增长32.8%、水泥熟料增长3.9%、商品混凝土增长6.9%、建筑业增长11.8%。2021年百色市规模以上工业企业主要产品的产量及增速分析如表3.1所示。

表3.1　2021年百色市规模以上工业企业主要产品的产量及增速分析

| 指标 | 计量单位 | 产量 | 同比增长/% |
|---|---|---|---|
| 原煤 | 万吨 | 178.36 | −9.0 |
| 铁矿石成品矿 | 万吨 | 89.10 | −3.2 |
| 锰矿石成品矿 | 万吨 | 9.02 | −9.1 |
| 成品糖 | 万吨 | 41.71 | 17.2 |
| 精制茶 | 万吨 | 0.24 | 184.1 |
| 锯材 | 万立方米 | 25.52 | −35.5 |
| 人造板 | 万立方米 | 182.73 | 20 |
| 纸浆（原生浆及废纸浆） | 万吨 | 6.62 | 16.9 |
| 机制纸及纸板 | 万吨 | 10.67 | 34.4 |

表3.1(续)

| 指标 | 计量单位 | 产量 | 同比增长/% |
|------|---------|------|-----------|
| 硫酸（折100%） | 万吨 | 11.83 | 53.2 |
| 盐酸（蚕化氢，含量31%） | 万吨 | 6.77 | −16.1 |
| 烧碱（折100%） | 万吨 | 54.43 | 5.7 |
| 二氧化锰 | 万吨 | 11.74 | 12.5 |
| 涂料 | 万吨 | 2.23 | 12.2 |
| 颜料 | 万吨 | 6.07 | — |
| 中成药 | 万吨 | 0.06 | −74.4 |
| 塑料制品 | 万吨 | 1.35 | −19.2 |
| 硅酸盐水泥熟料 | 万吨 | 649.81 | 3.9 |
| 水泥 | 万吨 | 960.29 | 32.8 |
| 石灰 | 万吨 | 198.24 | −5.3 |
| 商品混凝土 | 万立方米 | 545.58 | 6.9 |
| 石墨及碳素制品 | 万吨 | 80.23 | −1.6 |
| 铁合金 | 万吨 | 87.05 | 0.9 |
| #锰硅合金 | 万吨 | 57.9 | −2.3 |
| 电解锰 | 万吨 | 5.9 | −7.6 |
| 氧化铝 | 万吨 | 889.02 | −1.9 |
| 原铝（电解铝） | 万吨 | 188.66 | 9.6 |
| 铝材 | 万吨 | 196.67 | 16.3 |
| 发电量 | 亿千瓦时 | 234.73 | 0.6 |
| 火力发电 | 亿千瓦时 | 179.45 | 4.3 |
| 水力发电 | 亿千瓦时 | 54.9 | −9.9 |

从企业效益看，2021年百色市规模以上工业企业的利润总额达到112.59亿元，与上一年度相比，实现了128.3%的显著增长。从不同经济类型的企业来看，国有控股企业的利润总额增长了102.3%，股份制企业更是实现了161.9%的增长。然而，外商及港澳台商投资企业的利润总额却下降了2.3%。非公有制企业在这一年里也取得了不错的成绩，利润总额增长了146.8%。具体到不同的行业门类，采矿业的利润总额显著下降，达到85.1%的降幅；热力、电力、燃气及水等生产和供应领域的利润总额

则实现了稳健的增长，增幅为 14.1%。此外，制造业领域则展现出了强劲的增长势头，其利润总额的增长率高达 154.2%。全市规模以上工业企业在营业收入方面表现出色，其利润总额增长了 7.2%，相较于之前提升了3 个百分点。

截至 2021 年年末，全市范围内拥有资质等级的总承包及专业承包建筑业企业共计 205 家。这些企业在全年内的总产值累计达到 138.11 亿元，与上一年度相比，实现了 19.8% 的稳健增长。但是其中，国有控股企业总产值为 84.26 亿元，下降了 4.8%。

### 3.1.3 经济实力显著增强

百色市的经济持续高速增长，实现了由传统农业向新兴工业城市的历史性转变，铝产业成为发展亮点。百色市经济实力显著增强，虽受新冠病毒感染疫情（以下简称"疫情"）影响，但经济仍然朝着好的方向发展。2017—2021 年，百色市的经济增长速度持续高于全国及全区的平均水平，以"百色速度"发展。百色市的地区生产总值已超 1 000 亿元，工业经济的跨越式发展得以实现，由传统农业区转变成为新兴工业城市。当前，百色市的铝产业通过降低成本、强化链条、集聚群体助力，不断提升产品质量和加快生产速度。百色市建成了 7 个煤电铝一体化项目，区域电网实现了从无到有、从弱到强的转变，装机容量从最初的 20 万千瓦增加到 232 万千瓦。百色市投入生产了铝家具、铝模板、汽车铝件、铝板箔等铝深加工产品。百色市的国家级生态型铝产业示范基地建成，年度生产规模涵盖氧化铝产量达 900 万吨、电解铝产量 190 万吨，以及铝加工产品产量 320 万吨。百色铝产业总产值达 705.9 亿元，是广西千亿级产业集群的关键部分。

此外，百色市产业集聚的进程加快，产业集群的培育投入增加，建设打造了柑橘、芒果等优势产业"百万亩工程"，并培育了一批具有本地特色的传统优势产业，如油茶、茶叶、特色育种、甘蔗、林下经济、桑蚕、现代渔业等。水果、油茶等农产品加工产业也在蓬勃发展。百色市积极培育新型农业经营主体，并使其不断壮大，进而促进农业生产经营的规范化与专业化发展。截至 2021 年 9 月，百色市拥有 105 家市级以上重点农业产业化龙头企业，其中 10 家属于自治区级；建设了 1 715 个现代农业示范区（园区、点），其中有 25 个自治区级核心示范区。全市共有 262 个商品认证过"三品一标"，有机农产品认证的种植面积仍居区域首位，"百色芒果"已成为国家地理标志农产品样板。百色市将会继续挖掘现代物流、大健康等别具特色的服务贸易潜力，加快建设百煤物流园区、新山铝业综合服务集聚区、中国龙邦—越南茶岭跨境商贸物流集聚区 3 个自治区级现代服务集聚区。百色市还大力建设全域旅游示范区、广西特色旅游名县、星级旅游酒店、A 级旅游景区、文化产业示范基地（园），成功建设了 23 个国家 AAAA 级旅游景区、1 个国家 AAAAA 级旅游景区。对于战略性新兴产业，百色市加大投入力度，推动其发展进程，全市高新技术企业数量在2017—2021 年增长了 3.6 倍，国家专利数量增长了 3 倍，百色市的发展基础更加稳定、更加牢固。

### 3.1.4　开放水平

百色试验区扩大开放，龙邦口岸升级，重大项目签约，经济发展活力迸发。2021 年，国务院批准将龙邦公路口岸扩大开放成为国际口岸，那西通道的开放程度加深，百色迎来了地区发展开放新机遇。百色市充分利用百色试验区，进一步推动了诸多试验区重大项目的建设，例如，乐业通用机场、航线改造天立教育小镇、百东国际医院等。234 个"三企入百"项目签约成功，总投资额高达 1 341 亿元。百色市在重庆召开的沿边投资开发推广会上，共签署了 5 个农产品、畜产品合作贸易项目，贸易总额达50 亿元；在深圳隆重召开的百色试验区产业金融专项推介会上，共成功签约了 39 个重要项目，这些项目的总投资额高达 397 亿元，为百色试验区的经济发展注入了新的活力；在南宁举办的第 17 届中国—东盟博览会上，举行了百色试验区专题推介会和项目签约仪式，签约了 47 个项目，总投资额达 440 亿元。这些表明，百色试验区的扩大开放政策显著增强了地区经济发展的活力、动力和潜力。

百色市不断深化区域开放合作。百色市有 9 家金融机构和 56 家分支机构，以及 98 家市场主体从事跨境结算业务；成功建设并投入使用了中国—东盟农产品（百色）交易中心一期项目。龙邦口岸加快发展"口岸+贸易物流""口岸+跨境金融""口岸+加工制造""口岸+跨境旅游"等经济，朝智慧口岸发展。"百色一号"专列优化成为西部陆海新通道冷链专列的重要运营主体，同时，"起步百色，立足广西，辐射全国，连接东盟"的农业种植、加工、流通、仓储体系增速发展。此外，百色市积极参与粤港澳大湾区的建设，积极推行"物流+贸易+产业"运营模式。百色市的战略地位得到了历史性的转变，从南疆边陲向区域开放合作前沿转变。

## 3.2 百色试验区环境污染现状

### 3.2.1 地表水环境质量

1. 地表水国控断面

2022 年 7 月和 2021 年 7 月百色市地表水国控断面水质占总评价河长的百分比分别如图 3.2 和图 3.3 所示。

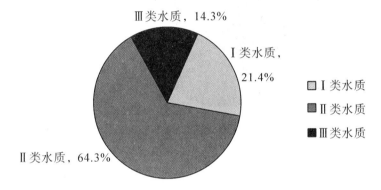

**图 3.2　2022 年 7 月百色市地表水国控断面水质占总评价河长百分比**

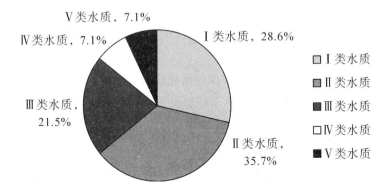

**图 3.3　2021 年 7 月百色市地表水国控断面水质占总评价河长百分比**

（数据来源：百色市人民政府官网）

百色市 14 个国控监测断面，均采用国家采测分离共享的"十四五"断面数据。2022 年 7 月，14 个断面水质均达到或优于Ⅲ类水质，水质优良比例为 100%。其中，Ⅰ类水质断面 3 个，占 21.4%；Ⅱ类水质断面 9 个，占 64.3%；Ⅲ类水质断面 2 个，占 14.3%；无Ⅳ类、Ⅴ类和劣Ⅴ类水质断面。与 2021 年同期相比，Ⅰ类水质、Ⅲ类水质有所减少，Ⅱ类水质增幅较大，另外Ⅳ类水质和Ⅴ类水质得到了治理，这说明百色市水环境污染治理有一定成效。

2. 地表水自治区控制断面

2022 年 7 月自治区控制断面水质占总评价河长百分比如图 3.4 所示。

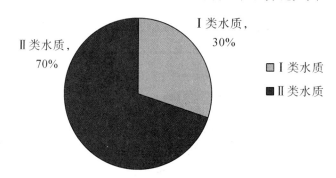

图 3.4　2022 年 7 月自治区控制断面水质占总评价河长百分比

（数据来源：百色市人民政府官网）

百色市共有 11 个自治区控制断面，2022 年 7 月，大利水库因施工停止运行，故未有数据。其余 10 个断面均达到或优于Ⅱ类水质，水质优良比例为 100%。其中，Ⅰ类水质断面 3 个，占 30%；Ⅱ类水质断面 7 个，占 70%；无Ⅲ类、Ⅳ类、Ⅴ类和劣Ⅴ类水质断面。按照流域对水质进行评价，右江的水质状况是"优"。

3. 城市集中式生活饮用水水源地水质状况

2022 年 7 月，百色市针对 3 个地级城市集中式生活饮用水水源地（以下简称"水源地"）开展了 109 项全分析监测及评价工作：右江东笋—百岗水源地达到Ⅲ类水质，澄碧河水库水源地达到Ⅰ类水质，百色水利枢纽水源地达到Ⅰ类水质，均优于Ⅲ类水质的最低考核指标。水源地水质的达标率都是 100%，同比持平；水量的达标率也都是 100%，同比持平。

20 世纪 90 年代，国家正逐步启动百色市铝资源的开发计划。在此过程中，多数企业沿用了较为粗放的经济发展模式，这种模式以高投入和高消耗为特点，对于"三废"（废气、废水、废渣）的处理手段相对原始，给环境保护带来了较大的压力。在百色市的经济结构中，水泥、矿业、造纸等行业占据主导地位。这些领域的企业多数属于资源消耗型，且结构性污染问题较为突出，它们往往位于产业链相对低端的位置。特别值得关注的是，田东、平果、德保等县成为污染程度较高的地区。这些地区的主要支柱产业集中在有色金属冶炼、非金属矿物制品等行业，这些行业在洗矿过程中，对环境造成了严重的损害。尽管这样的产业模式在一定程度上推动了当地经济的发展，但水资源环境受到了破坏，从而对人民群众的生活产生重大影响。近年来，百色市政府重视工业生产过程中的污水处理问题，追求经济发展的同时也对水环境质量进行监测和管理，以确保人民群众的用水安全。

4. 废污水排放状况

百色市的工业污染占主导，水污染防控需重点关注工业领域。废污水排放量指工业、第三产业、城镇居民等用水户排放的水量。2017年，百色市废污水排放总量为2.7亿立方米，其中工业污水排放量为1.7亿立方米，占废污水排放总量的63.0%，这说明对于百色市来说，水污染中的污染源主要是工业污染。2018年百色市废污水排放数据显示，工业领域的污水排放量达到1.72亿立方米，占据总量的62.5%，相比上一年略有下降。同时，由表3.2可知，建筑业、第三产业和城镇居民的污水排放量为1.03亿立方米，占总废污水排放量的37.5%。

表3.2　2015—2018年百色市废污水排放量　单位：亿立方米

| 年份 | 用户废污水排放量 | | | | | 合计 |
| | 城镇居民 | 第二产业 | | | 第三产业 | |
| | | 工业 | 建筑业 | 小计 | | |
| --- | --- | --- | --- | --- | --- | --- |
| 2015 | 0.55 | 1.64 | 0.04 | 1.68 | 0.37 | 2.6 |
| 2016 | 0.58 | 1.68 | 0.07 | 1.75 | 0.3 | 2.63 |
| 2017 | 0.63 | 1.7 | 0.06 | 1.76 | 0.31 | 2.7 |
| 2018 | 0.71 | 1.72 | 0.02 | 1.74 | 0.3 | 2.75 |

数据来源：广西水资源公报。

### 3.2.2　土壤环境

**1. 百色市整体概况**

百色市坐落于广西壮族自治区西部，地处右江上游，地理位置优越，其经纬度范围为东经 104°28′ 至 107°54′，北纬 22°51′ 至 25°07′。百色市在广西地级市中所占的地域面积最大，所处行政区域的土地总面积为 3.63 万平方千米，南北宽 230 千米，东西长 320 千米。作为滇、黔、桂三省交会处的核心城市，百色不仅扮演着重要的区域角色，更是连接中国西南与太平洋地区的"黄金通道"；边境线全长 359.5 千米，南与越南毗邻，北与贵州接壤，东与南宁紧连，西与云南相接。截至 2024 年 3 月，百色市辖 12 个县（市、区），包括右江区、田阳区、靖西市、西林县、德保县、那坡县、平果市、凌云县、乐业县、田林县、田东县、隆林各族自治县；全市人口总数为 423 万人。

百色市地处云贵高原南边，位于珠江流域西江水的右江上游，且处于云贵高原向广西南邻丘陵的过渡地，是我国岩溶石漠化较为严重的地区。百色市的地势由西北向东南有一定幅度的倾斜，右江河谷平原位于中间狭小地带，属于较为独特的山地河谷型地区，主要的地形有山地、丘陵，其中低丘和平原占 5.23%，山地和丘陵分别占 73.72%、21.05%。通过运用遥感技术进行调查，发现百色市有 5 460.37 平方千米的水土流失，占土地总面积的 15.08%，高于广西水土流失总面积的 12%，每一年都有 191.11 万吨以上的表层土流失。德保县、平果市、靖西市、隆林各族自治县等熔岩石化地区的石山分布密集，许多生态问题较为严峻，土地生态环境脆弱，如水土流失、地质灾害多发、岩溶石漠化等。

**2. 自然资源状况**

土地资源。百色市的土壤类型丰富多样，一共有 12 种土地类型，分别为黄壤、潮土、红壤、砂姜黑土、水稻土、粗骨土、紫色土、新积土、红黏土、赤红壤、石灰岩土、山地草甸土，以红壤和赤红壤两种土地类型为主，其次是石灰岩土和水稻土。红壤和赤红壤的面积分别达到全市土地总面积的 54% 和 32%，石灰岩土和水稻田分别达到全市土地总面积的 7% 和 4%，剩下 8 种土地类型的面积仅占全市土地总面积的 3%。百色市共有 3.62 万平方千米的土地，其中，农用地总面积达 2 612 373 公顷（1 公顷 =

0.01 平方千米），占土地总面积的 72.2%。在农用地当中，耕地面积有 402 801 公顷，占农用地面积的 15.4%，占土地总面积的 11.1%。百色市的林地面积广阔，达到 1 889 771 公顷；牧草地面积也相当可观，为 182 742 公顷；园地面积则为 34 170 公顷；此外，还有其他类型的农用地面积共计 102 887 公顷。百色市建设用地的总面积为 66 288 公顷，占土地总面积的 1.8%。其中，农村居民点用地 24 268 公顷；城镇工矿用地 14 047 公顷；其他建设用地和交通水利用地为 27 972 公顷。未能充分利用的土地总面积有 941 723 公顷，是土地总面积的 26.0%。在未能充分利用的土地中，自然保留地面积为 918 008 公顷；滩涂沼泽地面积为 2 248 公顷；水域面积为 21 467 公顷。

矿产资源。百色市矿产资源丰富多样，分别有右江河谷矿带、德保—靖西—那坡矿带、西林—田林—乐业矿带等 16 条锑、铝、金成矿带。百色市被称为中国十大有色金属矿区之一，已发现的矿产就有 57 种。在这当中，铝土矿已发现的储量达 7.8 亿吨，位居中国第 2 位，预测其储量有 10 亿吨以上，约占全国的四分之一。百色市现已成型的铝工业有 60 万吨铝材深加工、74 万吨电解铝、620 万吨氧化铝，是广西新工业基地和中国重要的生态铝工业基地。百色北纬 24°以北地区主要分布有金矿，已经发现的金矿资源储量有 31.2 吨，达广西已发现的金矿资源储量的 30%；铜矿已发现的资源储量有 14 万吨，达到广西已发现铜矿资源储量的 37%。除此之外，还有石油、天然气、锑等十多种矿产资源。

水资源。百色市拥有丰富的水资源，大小河流有 102 条，总长度达 5 040 千米，河流的密度为 0.14 千米/平方千米。整个百色市的水资源总量高达 216 亿立方米，红水河、右江、澄碧河等为重要的河流，这些河流的主要特点是汛期长、暴落暴涨、含沙量少，支流多、水量丰富。百色市最主要的三大水系分别是右江、红水河、左江。首先，右江是百色市的重要水系，河流流向为自西北向东南，贯穿中部地区流进南宁市；境内流域面积达 30 243 平方千米；其次，红水河在百色的西北部，由北盘江与南盘江汇合而形成，境内流域面积达 12 675 平方千米；最后是左江境内流域面积达 1 567 平方千米。根据水系划分，百色的地下水主要会汇入右江、红水河、越南锦江三个水系；按照地下水赋存条件、裂隙特征和含水岩组岩性，百色市的地下水分为碳酸盐岩类岩溶水、岩浆岩风化带网状裂隙水、碎屑岩类基岩裂隙水和松散岩类孔隙水四种类型。

农林资源。右江河谷被称为"天然温室"，是我国很重要的"南菜北运"基地、亚热带水果和无公害蔬菜生产基地，这缘于右江河谷拥有肥沃的土地，且全年无台风、无霜冻，受自然灾害的影响较少。百色市不仅地产丰富的林副产品，而且拥有极为丰富的森林资源，其森林覆盖率高达78%，拥有236科9 553属2 775种植物资源，其中，可用作药材的植物就有1 200多种，是广西极为重要的材林基地。在广西，百色的农副产品数量名列前茅，且历来享有诸多美誉，如"中国八渡笋之乡""中国芒果之乡""中国名茶之乡""中国茶叶之乡"等，这些称号彰显了其在农业领域的丰富资源和卓越地位。同时，百色还被誉为"中国兰花之乡"，展现了其在花卉产业中的独特魅力。此外，"天然中药库"和"土特产仓库"的美誉更是凸显了百色市在中药材和土特产方面的丰富资源。这些称号不仅是对百色市农业和自然资源的肯定，也是其独特地域文化和经济发展潜力的体现。

3. 生态环境质量

百色市极为注重环境保护和生态建设，其生态环境质量持续提升。百色市空气质量优良的天数占比较高，将近达到90%；地表水的水质优良率超过87%，市级饮用水的水源地水质都能充分利用，达标率高达100%。同时，百色市注重环境治理，实现了331平方千米的水土流失和152平方千米的石漠化治理；植树造林数量连续多年位居榜首，累计实现造林面积63万亩（1亩≈666.67平方米），森林覆盖率高达78%，是全区在2017年唯一一个入选"国家森林城市"的城市。

4. 土壤污染基本概况

百色非污染区重金属超标明显，矿区周边土壤污染严重。有关数据显示，百色市一共设置了4个某矿区周边的土壤监测点位和大约200个非污染区的土壤监测点。依据国家标准《土壤环境质量 农用地土壤污染风险管控标准（试行）》（GB15618—2018）中规定的风险筛选值进行判断，百色市大约200个非污染区土壤监测点位的有机污染物都没有超过标准值，但重金属超标较为严重，总体超标率略微高于全国的平均水平，并且比全区的重金属总体超标率高，污染程度较高的超标元素有铬、汞、镉、砷、铅，其中，污染程度最为严重的是镉、砷，超标程度最低的是汞、铅。某矿区周边土壤监测的结果显示,百色的 4 个土壤监测点位都不符合对照的风险筛选值的标准,每一个土壤监测点位都超标了,镉、砷、铬是主要超标的三个元素。

重金属超标普遍,成因涉及地质背景、工业与农业污染。从整体上来看,全市超标比较严重的主要是土壤重金属,按超标的情况来说,超标是普遍存在的问题,但某些局部区域的超标情况较为严峻。百色市土壤遭到污染的原因主要有三个:首先是受到成土母质和地形地貌的影响,土壤中的重金属普遍在石灰岩地区有背景值较高的问题,导致百色土壤中重金属超标的现象普遍出现在非污染区;其次是工业生产带来的污染,尤其是矿区周边和重点企业的土壤污染情况较为突出,其中,污染面积比较大的是无机物带来的污染;最后是农业生产带来的污染,化肥和农药的使用不恰当,导致农耕地遭到程度不一的污染。

### 3.2.3　空气质量

2022 年 7 月,百色市城区环境空气质量优良天数占比为 100%(其中优的天数为 22 天,良的天数 9 天),同比持平。一氧化碳(CO)平均浓度为 0.8 毫克/立方米,同比上升 14.3%;臭氧(O$_3$)平均浓度为 91 微克/立方米,同比上升 5.8%;细颗粒物(PM2.5)的平均浓度达到 19.5 微克/立方米,同比上升 1.0%;可吸入颗粒物(PM10)的平均浓度为 38 微克/立方米,同比下降了 5.0%。此外,二氧化硫(SO$_2$)的平均浓度为 10 微克/立方米,与上一年度相比显著下降了 9.1%。二氧化氮(NO$_2$)平均浓度为 13 微克/立方米,同比持平。环境空气质量综合指数为 2.56,较去年同期上升 0.01。

## 3.3　百色试验区环境规制现状

近些年来,环境问题逐渐受到人们的重视。从 1979 年实施《中华人民共和国环境保护法(试行)》,到 2014 年颁布新的《中华人民共和国环境保护法》(以下简称《环境保护法》),环保法的落实有效地缓解了生态环境保护与经济发展间存在的矛盾,促进了经济的可持续发展,生态文明建设往前踏出了坚实的一步。当前，工业污染依旧是环境污染的主要问题，采用以牺牲环境换取经济增长的粗放型发展方式越来越不可取，因此对工业污染进行环境规制是环境保护的重点。国家"十四五"规划明确强调了绿色发展的重要性，并提出了相应的法律和政策保障措施。规划指出，要大力发展绿色金融，推动清洁生产，并鼓励绿色技术创新，以支持环保产业的蓬勃发展。同时，规划还着重强调了促进关键领域和重点行业实现绿色化改造的必要性。为了提高全社会的生态环保意识，规划要求做好污染防治工作，并不断加大环境治理力度。我们应坚持以提高生态环境质量为核心目标，推进生态环境的源头治理、系统治理和整体治理。经过不懈努力，将有力促进环境质量管理模式的转型升级，从以末端治理为主转向强化源头预防与治理相结合的方式，进而实现主要污染物排放总量的稳步减少，为生态环境带来根本性且持久性的改善。同时受到环境规制强度提升的影响，我国各地区的环境状况也逐渐改善。

### 3.3.1 空气质量提升

踊跃整改，以实现产业结构升级，坚持推动固定污染源的整治。百色市认真落实国家 16 部委《关于利用综合标准依法依规推动落后产能退出的指导意见》（工信部联产业〔2017〕30 号），积极加强各部门之间的联系，从环保、能耗、质量、安全、技术等方面来衡量产能是否合格，合理合法地推动全市落后产能有条不紊地退出市场。加强对产能过剩行业的控制，避免新增产能过多。

推动并促进产业集群的规模化发展，增强质量提升效果。百色市主要将重心放在人造板、家具、塑料制品、砖瓦、纺织印染、包装印刷、机械喷漆加工等产业的集群上，快速准确寻找产业未来发展的定位、布局及规模。同时，"改造提升一批、优化整合一批、标杆建设一批、淘汰退出一批"强调，要从产能规模、燃料类型、生产工艺、原辅材料替代、安全生产、产品质量、大宗货物运输等多方面制定合适的污染治理方案，以提升环境治理水平和产业发展质量。积极创建有机溶剂集中回收处置中心，建设具有较高效率的污染治理设施，不断推动工业污染源全方位排放达标。在环境执法和排污许可证等方面，要不断加大监管力度，烟气排放的线上检测数据必须合理合法，并助力企业在规定的时间内能够实现排放达标；

要着重关注已被关闭停办的"散乱污"企业，以防其出现异地转移、死灰复燃等反弹的现象。电网公司要不断发展监管方式，卫星遥感、无人机等先进技术要物尽其用，"散乱污"企业的监管及排查工作要落实到位。

1. 多措并举推进 VOCs 治理工作

生态环境部印发的《2020 年挥发性有机物治理攻坚方案》强调，各级生态环境部门要全面发展挥发性有机物（VOCs）污染防御治理相关的管理体系，管理控制的重心要放在城市建成区和工业园区上，用第二次全国污染源普查的结果作为依据，使辖区内 VOCs 排放源清单能够不断地得到补充和完善。对于化工、工业涂装、包装印刷、板材加工、石化、汽修、家具制造、油品存储等行业排出的废气，要着重加大综合整治管理力度，助力"一行一策"行业的发展，清洁生产的改造力度上也要不断加大。

（1）实施源头替代。根据低挥发性有机物涂料产品的技术标准，各行业应逐步推广使用低 VOCs 含量的胶黏剂、油墨和涂料。对于技术已经相对成熟的家具制造、汽车维修、板材加工、印刷等行业，更应积极采取源头替代措施，以显著降低 VOCs 的排放。企业在涂料、胶黏剂、油墨等产品的使用上，要符合国家的标准，排放绩效和排放速率要符合有关部门的规定，排放浓度值要保持数据达标。在企业生产过程中，对于特定的工序，并不强制要求必须建设末端治理设施。特别是当所使用的原辅材料中 VOCs 含量占比超过 10% 时，对该工序在实施无组织排放收集方面并不作强制要求。这一规定为相关生产活动提供了一定的灵活性，同时也对环境保护提出了相应的挑战。百色市全面落实《挥发性有机物无组织排放控制标准》，提升污染治理设备功能，鼓励企业采用自动化、连续化及全密闭等先进生产技术，以优化工艺流程并提高设备效率，从而有效减少生产过程中无组织排放的产生，实现生产过程的环保与高效；遵守"分质收集、应收尽收"的原则，有利于提高废气的收集率，推动企业科学设计废气收集系统并进行发展升级，精准控制无组织排放转向有组织排放。

（2）优化设施运行管理。积极鼓励企业全面审视并系统整理涉及 VOCs 排放的各个工序、设备的启停操作、相关环节以及检维修作业等。通过这样的细致梳理，企业可以更有效地识别和控制 VOCs 排放的关键点，从而提升设施运行的环保性能和整体管理效率。制定具体的工作程序要贯穿一定的标准、要求和规定，相关责任人要负责到底，内部的考核制度要不断地健全和创新，工作人员的技术和交流能力等不断提升。企业要自觉做好台面账本的管理，相关的污染治理设施运行和生产的关键数据要及时做好记录，要做到随时就能调取在线监控参数的准备，要保存三年以上的台面账本记录。在具备相应条件的基础上，产业集群和工业园区应积极推动资源共享机制，如共享喷涂设施、活性炭集中再生处理、集中化喷涂作业以及溶剂的集中回收再利用等。通过有效实施这些措施，可以显著提升VOCs的治理效率，为环境保护和可持续发展贡献更大力量。

（3）进一步落实精细化管控。掌握当地对空气质量提升的需求，各县（市、区）以PM2.5、$O_3$的来源为主，利用行业污染排放特征和VOCs物质光化学反应活性等进行分析，及时了解本地区与VOCs控制有关的重点污染物和重点行业，且要着重关注恶臭污染物和有害有毒物质的控制等，制定高效的管理控制方案，持续提高VOCs治理的精准性、有效性和针对性。持续助力企业解决环保难题，积极倡导并激励专家们协助那些污染物排放量相对较高的企业，努力突破专业技术上的瓶颈。对于污染物的排放，必须实施严格的监管措施，以确保环境质量得到有效提升。同时，还需要引导企业制定并实施有效的污染治理方案，明确在废气收集、原辅材料替代、工艺改进、无组织排放管控以及治污设施建设等各个环节，要致力于减少污染物的排放。为了实现这一目标，需要对这些环节的减排效益进行科学评估，并综合考虑所需的投资成本，从而制定出既经济又高效的污染治理策略。

（4）积极开展生物质锅炉和燃煤综合治理。环境执法要加强对各种类型的锅炉的监管。工业园区的清洁燃料在热电联产规划的影响下正在进行升级换代，促使落后的燃煤锅炉等进行关闭和整顿。各县（市、区）要改进方案并推动落实，到2025年年底，计划全面推广65蒸吨及以上燃煤和生物质锅炉的超低排放标准，即在含氧量为6%的条件下，氮氧化物、二氧化硫和烟尘的排放浓度应分别控制在不高于35毫克/立方米、10毫克/立方米和50毫克/立方米的水平。这一举措旨在显著降低燃煤和生物质锅炉的污染物排放，以提升空气质量，促进可持续发展。全面落实《工业炉窑大气污染综合治理方案》，进一步实行工业炉窑的大气污染综合治理，推动燃料实现清洁化、低碳化，持续消除不合格的工业炉窑和落后的产能。

2. 深入开展移动源污染治理

治理柴油货车尾气。环境保护机构负责监测数据的获取与验证，公安机关交通管理部门负责违法行为的处罚与执行，而交通运输管理机构则承担监督车辆维修的责任，这三方的协同监管措施必须切实贯彻到日常实践中去。企业应建立一年内超标排放车辆数占其总车辆数（含租用）20%以上的运输企业目录、拥有（含租用）柴油货车15辆以上的运输企业目录、超标排放逾期未维修并复检合格的车辆目录等重点监管目录。积极寻找能使车载诊断系统（OBD）快速在线接入工作的方法，实施持续合格的车辆可在年检上不作要求的检测政策，并在维修单位及检验机构进行联合抽检的执法行动。

推动清洁柴油机的使用。在非道路移动机械摸底调查和等级编码工作中要不断深入，建设试验点，提倡位于限制区域内的工程机械装配实时排污监测设备及高精度定位系统，并确保这些设备与环保部门实现网络连接，以便进行实时监控。入户监督抽检要以高排放控制区、施工工地、码头、物流园区等为重点对象。

推进油气的回收与治理。专项执法行动主要针对储油库、加油站、油罐车的油气回收与治理，以便民营加油站得到普及，并积极建设加油站、储油库、油气回收自动监控建设试点。

3. 强化城市面源污染治理

加强扬尘精细化管控。各施工地点必须坚决执行"六个全面百分百"原则：物料全面覆盖、土方开挖全面湿法作业、出入车辆全面清洗、路面全面硬化、周边全面围挡、渣土车辆全面密闭运输。这些措施对于确保施工现场的环境卫生和安全至关重要。要对施工地、生产企业、物流园区出厂的车辆实行冲洗管理，运输车辆的轮胎、车身、底盘等需要及时冲洗干净后才能出入，并且出入口两侧50米范围内的道路要时刻保持整洁。加大城区清洁力度，增加道路清扫、洒水频率，以保持环境卫生、整洁。积极修缮硬化的城乡接合部及城市主干周边道路。呼吁国有企业、机关、事业单位等在食堂安装高效的油烟净化设备，大力支持餐饮单位安装油烟净化装置的在线监控设备，并严肃整治群众反映的餐饮油烟过重等问题。在城市建成区进行露天烧烤、露天焚烧垃圾等行为要进行严格管控。

加大对各类码头扬尘、堆场污染的监管力度，推动建设矿石、苫盖、码头堆场、煤炭和干散货物料堆场围挡、自动喷淋等抑制尘土的设施，以及物料输送装置吸尘、喷淋等防尘设施。

加强农作物茎叶的焚烧及充分利用。制定并实行焚烧监管责任考核和奖惩制度。坚持落实季度通报制度，并不断升级改进秸秆禁烧的智能监管系统。县、乡（镇）、村三级建立完整的禁烧监管体系，确定相关的责任人，实行清单式管理，以减少点火数量。积极扩展智能监管系统的监控范围，大力发展铁塔视频在线监控和无人机巡查，使其全覆盖在高速公路、铁路两侧等重要地区。重视开展秸秆禁烧、秋收春耕专项巡视工作，充分利用"一村一策""一镇一策""一县一策"，实现对秸秆存量的摸底调查，并且开设动态管理台面账本。积极落实秸秆焚烧的工作方案，抓紧寻找科学的焚烧管理方法，确认责任人，严格监管、严肃责任、严密组织。

加大烟花爆竹禁燃限放的管控力度。《百色市 2021 年烟花爆竹禁燃限放管控实施方案》中明确提出，烟花爆竹禁燃限放区域具有监管责任，源头的管理控制要不断加强，对于不合法规的运输、销售、生产、燃放烟花爆竹等行为，要加大处罚力度。大力支持有关禁燃限放烟花爆竹的教育宣传活动。

4. 高效应对大气污染

推进污染高发季节的联合防御防控。扎实开展以烟花爆竹禁燃限放和秸秆禁烧为中心的"春季攻坚行动"、以工业企业大气污染综合治理和柴油货车污染治理为中心的"夏季攻坚行动"、以工地扬尘治理和秸秆禁烧等大气面源污染治理为中心的"秋冬季攻坚行动"。各县（市、区）遵守《重污染天气重点行业应急减排措施制定技术指南》的相关要求，积极发展环保力度相对较高的"先进"企业，推动环保绩效以"先进"带动"后进"，全方位实施绩效分级差异化管理，从而推动行业高质量发展。各县（市、区）着重关注绩效分级工作，及时把相关条款告知有关企业，并积极开展绩效定级工作。从本地空气质量提升需求、工业污染特征、行业污染治理水平等情况来看，有关部门可以自行制定符合当地发展的绩效分级标准，在污染天气应急响应期间，将减排的措施落实到位。

### 3.3.2 扬尘污染防治

1. 综合防治扬尘污染

首先，要加大对建筑工地扬尘的防治力度。强调各个建筑工地要遵循《百色城区市政基础设施工程整治标准》《百色城区房屋建筑工地扬尘整治标准》，要求建筑工地从物料堆放覆盖、路面硬化、周边围挡、在线监控视频、出入车辆清洗、渣土车密闭运输、土方开挖湿法作业等方面实现扬尘精细化管控。

其次，要加大对道路及交通运输扬尘的防治力度。注重保持道路整洁，城区道路要落实机械化清扫制度，定期保洁，主要路段实行人工清扫制度；提高建成区道路机械化清扫的工作效率，并积极修复接入城市市政道路系统的城中村沙路、泥路、煤渣路等受损路面。积极对建筑垃圾运输车辆进行核验备案，严肃查处不符合要求的建筑垃圾运输车辆和容易扬尘的物料运输车辆，上路行驶的车辆必须保持车身整洁、密闭严、车轮干净，如有违反，经发现后一律严处，且业主和对应单位要负主要责任。

最后，要加大对裸露地面扬尘的防治力度。对于在城市沿河区域、城市公共部位、城市道路两侧、建筑工地、单位庭院、城乡接合部等核心区域中裸露的土地，要实施固化、绿化、覆盖措施。对于在施工工地非作业区中裸露的土地，要实施固化、覆盖等严密的防尘措施；对长时间不施工的裸露地面要进行全面覆盖。

2.《百色市扬尘污染防治条例》

广西壮族自治区第十三届人民代表大会常务委员会第二十八次会议批准通过了《百色市扬尘污染防治条例》（以下简称《条例》），该《条例》于2022年10月1日起正式生效实施，是百色市第一部有关大气污染治理的地方性法规。

《条例》共计二十八条，详细规定了政府的管理职责、各部门的职责划分、适用的范围、宣传教育的要求、防治措施的制定与实施、监督管理的机制、法律责任的明确以及立法目的等诸多内容，为相关工作提供了合理的法律依据。《条例》主要针对城市道路清洁作业，建设工程施工，城市园林绿化作业，房屋建筑工程施工，开矿采石及其加工作业，物料贮存、堆放和运输，建（构）筑物拆除，裸露土地，地下管线施工和城市道路挖掘，露天停车场等场地或活动，提出了具体的扬尘防治措施。

《条例》主要针对百色市有关部门在扬尘污染防治执法过程中遇到的情况，制定了较为准确的惩罚措施，在上位法未明确规定的范围内，弥补了上位法的空缺。除此之外，扬尘污染源单位名录是《条例》提出要着重建立的。且《条例》中明确了有关扬尘污染源单位必须依据相应规则安装和使用扬尘的线上监控设备，并与相关部门的监控平台进行联网，让数据能够及时传输。

### 3.3.3 土壤污染防治

1. 强化耕地涉镉污染源排查整治

（1）排查整治农业用地中的镉等重金属污染源。从全国第二次污染源普查数据、针对重点行业企业用地开展的土壤污染状况调研数据、农业用地土壤污染详查报告、现行排污许可制度执行情况、建设项目环境影响评估报告以及粮食质量安全风险监测数据等一系列数据和报告中可以看出，百色市要不断更新污染源和核心区域的整治列表，制定并实施合理的整治方案。在平常的监察工作中，要积极排查"回头看"的涉镉等重金属污染行业企业。

（2）排查整治重金属污染矿区历史遗留固体废弃物。加强落实《广西涉镉等重金属矿区历史遗留废物排查与整治工作方案》《广西农用地土壤镉等重金属污染源头防治行动工作方案》相应年度的任务，积极开展排查工作并报备进度，保障粮食安全。

2. 加强污染预防与生产企业监管

（1）严查重金属污染行业的排放管理。全口径企业的列表动态要不断更新，积极控制全口径行业重金属污染物的排放总量，重点实行"等量置换"制度，以减少污染项目。积极开展有关重金属减排的工程，加强指导有色金属冶炼、采选以及重金属无机化合物工业等提高绿色化改造和清洁生产的效率。

（2）明确土壤污染监管单位的监督责任。年度土壤污染重点监管单位名录要做到及时更新，全力以赴地完成土壤污染防治任务；存在风险的受污染耕地、地块以及重点县级行政区涉镉企业等要列入重点监管单位名录；及时排查"回头看"的隐患并进行成果分析，监察高风险企业隐患状况并制定合适的整改方案。监管单位要做好土壤污染隐患的排查工作，自觉公开信息，落实土壤污染防治工作方案。

（3）统筹兼顾重点排污单位与排污许可管理。将土壤污染重点监管单位名录和全口径企业清单充分相连，将排放汞、镉、砷等污染物的企业列入名录中，且对排污较严重的相关企业进行排污许可管理。重金属减排符合国家规定的单位，其排污许可证上的重金属污染物排放总量也要达到相关要求。被列入大气重点排污单位名录的涉镉等重金属排放企业要与生态环境主管部门的监控设施进行实时联网，并依据相关规定完成大气污染物中颗粒物的线上自动监测。

3. 加强实行受污染耕地分类管理

（1）深化耕地土壤环境质量类别动态调整。提高对水稻和耕地等农作物的监测能力，通过重点地块监测、农用地农产品检测、土壤环境质量例行检测、治理修复效果评估等方式，将清单及时传送至全国土壤环境信息化管理平台，并进行耕地分类管理，动态调整土壤环境质量类别，进一步完善耕地土壤环境质量档案信息。曾用于生产、使用、贮存、回收或处置有害物质的工矿用地，在重新开垦后，严禁用于种植食用农产品，以确保耕地的安全利用和农产品的质量安全。

（2）持续推动受污染耕地的安全利用进程。"十四五"期间，针对受污染耕地安全利用所制定的年度工作规划及实施方案详细规定了行政辖区内安全利用类耕地与严格管控类耕地的具体管理措施。提高农用地安全利用和修复技术模式的使用效率，推动土壤受污染范围比较广的县（市、区）往农用地安全利用方向发展，大力促进污染耕地的安全利用。有关部门应积极开展严格管控类耕地的特定农产品及区域划定工作，严格禁止种植特定食用的农产品；对退耕还林还草、种植结构调整等有效措施给予支持；促进流通环节的监管和粮食回收储存，重金属超标的粮食禁止在口粮市场出现。此外，安全利用类耕地的安全利用范围要符合国家、自治区的考核要求。

4. 有效管控建设用地土壤污染风险

（1）根据法律规定进行风险评估和土壤污染状况调查。首先，对土壤污染状况进行全面调查，以有效解决建设用地修复与土地发展不同阶段之间的冲突，并加强土壤污染风险的管理与控制。其次，针对已注销或撤销排污许可证的企业用地，必须依法开展土壤污染状况调查工作，同时将其列入监控管理视野。最后，土壤污染重点监管单位获取的生产经营用地土壤状况调查报告要报到地方人民政府的相关部门并及时做好备案，在这之前，应该将其作为不动产登记资料递交到地方人民政府不动产登记机构。

（2）稳扎稳打开展建设用地修复与土壤污染风险管控工作。对百色市的污染地块实施土壤污染风险管控方案，主要由于这些地块已经确认暂时不进行开发利用且不具备修理条件。针对使用途径向"一住两公"转变的污染地块，要及时做好风险管控和修复工作，且要依法进行作业。在修复过程中，必须严格控制农药类等污染地块产生异味导致二次污染的风险，同时实施相关土壤污染风险的预防和管理措施。

5. 大力开展土壤污染防治试点工作

大力支持典型行业企业试点及周边土壤污染状况调查。铝压延加工、汽车零部件及配件制造、水泥制造、肥料生产制造等典型行业，应协同自治区生态环境厅对周边农用地土壤污染状况及典型行业企业用地进行摸底调查，进一步掌握典型行业企业的生产经营活动对周边土壤生态环境及企业用地产生的影响。

6. 实事求是发展治理体系

（1）加快土壤生态环境监管体制机制建设。完善土壤和地下水环境治理体系，以第二轮中央生态环境保护督察反馈问题整改为跳板，进一步确定并保证实施土壤污染风险管控措施。土壤环境执法工作机制的建立，提高了有关部门的应急处置能力，逐渐完善了区域土壤污染预警监控体系，更有利于严格控制固体废弃物尤其是危险废物非法填埋或倾倒等违法行为。

（2）发挥土壤污染防治科技的带头作用。大力呼吁高校、科研院所和企业进行技术革新，根据百色市的土壤情况，研发合适的地下水、土壤污染治理装备和技术。通过召开工作推进会、开展培训、专家现场指导帮扶等方式，加强技术帮扶与指导，不断强化对基层管理人员的指导与培训，大力鼓励和支持土壤环境的决策与管理向更专业化、科学化及精细化方向发展。

### 3.3.4 水环境保护

百色市水环境治理策略升级，强化跨区域合作与智慧检测。百色市积极实行跨区域合作，长效治理、智慧检测，进一步落实水污染防治行动计划；持续坚持水环境综合治理，助力水域船舶监督、排污企业整治、水面垃圾清理等工作。万峰湖的水域辽阔，跨越了云南省曲靖市罗平县、广西壮族自治区百色市隆林各族自治县和西林县以及贵州省黔西南州兴义市和安龙县等多个行政区域。为了加强万峰湖流域的生态环境保护和治理，沿湖五县（市）在 2021 年共同通过了《黔桂滇三省（区）五县（市）万峰湖联合执法行动工作方案》以及《万峰湖流域生态环境检察行政公益诉讼跨区划管辖暂行办法（试行）》，旨在推进联合执法行动的有效实施，共同维护万峰湖的生态环境安全。2022 年至今，全市在万峰湖水域打捞的垃圾高达 5 吨，清除抬网、地笼网等非法捕捞工具 56 个，拆除沿湖钓台、沿岸临时搭建违规建筑物等 15 处。

经过各方的努力，万峰沿湖生态环境和湖水环境得到了改善。为实现对该流域及其周边环境进行持续优化，有关部门将继续执行高效的综合整治措施，并着力构建贴合实际需求的公务协作体系，以期从根源上提升水质。2022 年 6 月，黔桂滇三省（区）五县（市）共同设立的联合检察办公室与执法协调中心在贵州省兴义市正式揭牌，以解决管理分割、万峰湖水域执法标准差异大以及治理主体分散等核心问题。目前，联合执法机构正稳步推进组织构建工作。在水环境治理的过程中，及时识别问题是解决问题的核心。百色市生态环境执法大队在巡查澄碧河水库时，充分运用了无人机的技术优势。采用先进的科技设备进行采样、巡查和监测，不仅能够有效遏制野餐、垂钓、露营等破坏水环境的行为，还能为生态环境管理和精准治污提供科学的决策依据。

百色市积极构建水环境多维监管体系，全面提升水质监测与治理能力。百色市采用水面执法船、无人机与各级河长的联动协作机制，建立了一个包括水陆空多维度的全面监管和检测系统，确保对水环境进行全面细致的监测。在各管控水域，有计划地设置了水质监测平台及相应站点，以对水质状况进行即时、高效的监控。水质分析工作也遵循既定时间框架，以确保所得数据的时效性与准确性，并将分析数据实时同步至专用的监测平台。此种管理模式有效地促进了管理人员对水质实时动态的及时把握，进而能够及时发现并应对可能出现的问题，能迅速做出预警、溯源、交办和反馈等反应，便于找到有效的解决方法，进一步成功进入云端管理。2022 年以来，百色市成功监测并妥善处理了 6 项水环境潜在风险与问题，充分彰显了其在水环境治理方面的决心与成效。为完成水环境长期、稳定、高效治理的宏伟目标，百色市坚定不移地推进干支流、上下游、左右岸的全面综合整治工作，从而强化了河湖库区污染物的管控、镇村农业污染的防范、水产养殖模式的创新以及畜禽养殖管理的力度。具体而言，凌云县下甲镇、加尤镇及逻楼镇的污水处理厂已顺利投入运营，极大地提升了区域污水处理效能；隆林各族自治县与西林县成功实施了涵盖污染物处理、生态林营造、畜禽与水产养殖废弃物治理等在内的 17 个项目，成效显著；右江区永乐镇则积极开展了 18 项与污水处理相关的活动，对水域生态环境产生了深远的影响。

2022 年，生态环境部发布了全国地表水环境质量状况的最新报告，其中，百色市的国家地表水考核断面水质相较于春季的排名有所变动，提升了 7 位，跻身全国前 10 强，充分体现了百色市在水环境治理方面取得的显著成效。此外，2022 年以来，百色市县级饮用水源地的水质持续保持完全达标状态，这一优异表现为守护人民群众饮水安全提供了坚实有力的支撑和保障。

# 4 区内外重点开发开放试验区发展经验的比较与借鉴

2012 年以来，我国先后在沿边地区设立广西东兴、云南勐腊（磨憨）、云南瑞丽、内蒙古二连浩特、内蒙古满洲里、黑龙江绥芬河—东宁、广西凭祥、广西百色、新疆塔城 9 个重点开发开放试验区（以下简称"试验区"）。本章通过对区内、区外不同试验区进行分析，并从中得到借鉴启示，以促进百色试验区建设发展。

## 4.1 区外重点开发开放试验区高质量发展经验

### 4.1.1 政策支持，抓住机遇

广西、云南、内蒙古、黑龙江以及新疆五省（区）根据各自的试验区发展规划，正逐步展开建设工作，并分别制定了与试验区发展相契合的系列激励政策。这些政策在省（区）级层面展现出较大的扶持力度，且由各省（区）根据自身情况自主实施。

（1）云南省政府出台的支持勐腊（磨憨）试验区发展的政策包括行政简政、跨境合作、投融资放宽、财税倾斜及公共服务创新等。同时，发布了《云南省人民政府关于印发支持勐腊（磨憨）重点开发开放试验区建设若干政策的通知》（云政发〔2016〕60 号）。在行政管理层面，强调简政放权，赋予试验区部分省级口岸管理和经济管理权限，加速推进行政审批、公共服务和政务服务标准化建设，实现网上"一站式"服务；支持试验区采用企业投资项目准入负面清单管理模式，并适当将此模式应用于外商投资；创新跨境合作机制，构建全省通关便利化试点区域，推动磨憨—磨丁经济区形成两国一区、协同监管、封闭运行的跨境合作新模式，试行"一线放宽、二线安全高效管住"的分线管理模式。在口岸通关方面，实现申报、查验、放行"一站式"通关，以提升口岸通关便利化水平。在投融资与金融政策方面，放宽政策限制，鼓励将外商投资项目在三亿美元以下的核准权限下放至试验区，鼓励和支持符合条件的企业上市、挂牌及发行债券融资。在财税政策方面，2016—2025年，省政府每年向试验区拨付一亿元综合财力补贴，对试验区新办企业（除国家禁止、限制产业外）实行"五免五减半"税收优惠政策。在产业政策方面，采取差别化措施，优先布局进口资源加工转化利用和进口资源落地加工项目。在土地林地政策方面，鼓励试验区创新土地林地利用方式，支持相关开发工作。在公共服务和人才政策方面，取消注册资本最低限制，除国家规定保留的工商登记前置审批事项外，试验区内采用"先照后证"工商登记模式；境外居民可凭有效出入证件、证明进行工商登记，放宽市场准入条件；同时在试验区全面实施十二年义务教育，支持建设面向东南亚的汉语言培训和职业技能培训学校，吸引老挝、缅甸学生到试验区进行教育；鼓励各类人才带项目、带技术、带资金到试验区创业就业，并给予他们一定的优惠政策。

（2）内蒙古为全面加速推进二连浩特、满洲里两个重点开发开放试验区的建设与发展，出台了新一轮的三十三条支持政策，给予二连浩特、满洲里关于行政体制改革、通关便利化、通道和基础设施建设、平台和载体建设、金融领域开放创新和配套措施等八个方面的政策支持。满洲里试验区获批以来，在相关政策的扶持下，通过各种渠道使发展建设资金向试验区倾斜，以解决满洲里财政不足的问题；促成了五个功能区落户满洲里，包括综合保税区、中俄边民互市贸易区、中俄跨境经济合作区、扎赉诺尔工业园区、国际物流园区，使试验区布局得以完善；加强满洲里的国际物流、木材进口资源加工、农产品出口等产业建设，创建相关基地，促进发展，成功举办了包括中国北方国际科技博览会、中俄蒙国际机械建材展览会、中俄蒙国际旅游节和国际冰雪节等一系列重要会展和节庆活动，充分展示了满洲里的国际影响力和文化魅力，使得试验区内产生了多业并举、产能联动的聚合效应；下放一批审批权限，包括外商投资项目审批、国内旅行社经营许可审批、导游年检审核等；引入包商银行和内蒙古银行，全面开放跨境贸易人民币结算业务，率先推出对俄卢布汇款业务，放宽约束条件，增强发展动力。

二连浩特致力于提升口岸的发展动力，持续在体制机制上进行革新与突破，率先在全国范围内开展了图格里克现钞调运、中蒙两国本币互换协议下的图格里克融资业务，以及创新了跨境结算机制，展现了其在国际贸易金融领域的创新与活力，年均对蒙调运现钞约 500 亿元，处理完成跨境人民币结算规模约 1 000 亿元；领先全国创建并成功实施了边境海关联合监管试点，使社区标准化和信息化建设走在全国前列。二连浩特成功实现电子数据传输技术在中蒙海关联合监管货物载货清单中的应用，有效提升了口岸人员、车辆的通关效率，平均通关时间缩减了 40%。此外，为进一步优化营商环境，二连浩特深入实施"互联网+政务服务"模式，推行"证照分离"改革，并深化土地二级市场交易改革；同时，全面推行企业投资项目承诺制，确保公共资源交易全流程电子化，提升了政务服务效能和透明度；稳步推进中蒙海关的联合监督和管制，大力推动中蒙口岸通关的双向提速。

### 4.1.2 坚持先行先试，多种模式齐发展

（1）云南瑞丽试验区先行先试，创新机制推动开放开发，探索发展新路径。设立国家重点开发开放试验区，就是要在依循国家开发开放总体战略的前提下，挖掘适合自己的发展之路，先行先试。云南瑞丽试验区主动融入国家发展战略，勇于自我承担责任，坚持先行先试，建设了关于金融综合改革、跨境电商、自由贸易等方面的一系列先行先试体制，凭着勇敢闯、大胆行、大胆试、不惧失败的一腔热血，闯出了一条属于自己的发展新道路，为全国重点开发开放试验区的探索提供了宝贵的"瑞丽试验区经验"。为深化"放管服"改革，瑞丽试验区秉持"宽准入、严监管"的原则，全面推动投资建设管理向"先建后验"模式转变。同时，试验区创新外籍人员管理方式，采取"一馆二站三中心"的新型管理策略，完成"五个百分百"的管理目标，其中，中缅边民矛盾纠纷调解中心的成功做法已在全国范围内推广。此外，瑞丽试验区首创"六证合一"的"胞波卡"，有效提升了缅甸人员相关管理服务的效率与便捷性。为探索贸易新路径，

瑞丽试验区推行了"边民互市+落地加工"模式，推动了芒市、瑞丽、陇川等园区边民贸易往来市场落地加工园区的建设；同时，推进了 App 集中申报、线上办理开票等改革，重点引导边民贸易往来市场落地加工企业入驻园区。在边境地区，瑞丽试验区构建了一体化的商品落地加工、仓储、物流发展格局，形成了专业化的边民互市贸易区，有效壮大了边民集市落地加工产业。2020 年 8 月，首张边民互市交易增值税专用发票的开出，标志着"边民互市+落地加工"增值税抵扣链条的成功打通。为解决口岸拥堵问题，瑞丽试验区实施了"一口岸备案、多口岸通关"的管理模式，有效提升了通关便利化水平。同时，瑞丽试验区成功开启"中缅通"跨境结算新模式，通过中国工商银行仰光分行实现人民币与缅币的互换，为中缅银行资金汇款提供了通道，突破了多年来的结算困境。此外，瑞丽试验区还公布了人民币与缅币兑换的参考报价，发布了"瑞丽指数"，促进了中缅双边贸易的平稳发展，推动了人民币的国际化进程。为缓解企业融资难题，瑞丽试验区推出了"银税互动"政策，以数据交换和"互联网+税务+金融"为核心，充分发挥企业纳税信用的社会效应，与 22 家银行签订了银税合作协议。为加快农产品检疫通关速度，瑞丽试验区实施了"提前申报+"模式，简化入境种子种苗及花卉苗木的通关和隔离检疫圃备案手续，有效缩短了口岸滞留时间。为应对境外疫情挑战，瑞丽试验区创新实施了"分段代驾"跨境运输模式，实现人货分离、分段运输、封闭管理，确保疫情防控和跨境运输的畅通无阻。此外，瑞丽试验区对矿产品实行"先放后检"通关模式，进一步压缩了口岸通关时间，为企业节省了时间和成本。瑞丽试验区的发展已吸引了超过三千户企业的入驻，制造业、金融、批发零售和现代服务业等产业蓬勃发展，"瑞丽制造"已成为试验区的新名片。

（2）黑龙江绥芬河—东宁试验区先行先试，深化区域合作，推动产业多元化发展。在试验区的建设上，国家同时给予了黑龙江绥芬河—东宁试验区先试先行的权利，一是在区域合作的探索与实践中，绥芬河—东宁试验区凭借地处多区域合作交汇点的独特优势，积极优化资源配置，展现先行先试的引领作用，并加入东北亚经济区。同时，作为对接俄罗斯远东地区以及东北亚各国前沿地区的绥芬河—东宁试验区，重点与俄罗斯远东地区以及东北亚各国进行相互合作，构建合作的中心和便捷通道。

二是在促进产业中先行先试，试验区重点选取具有特色的、在区域经济方面有带动作用的以及可以影响其他产业发展的优势产业，与其进行产业对接。绥芬河片区实行"单边试验，嵌入发展"模式，并融合发展"自贸试验区"与"自由港"，自贸试验区成功引导七个国家级园区与境外园区构建了跨境多区联动、多产业深度融合的创新模式，形成了以木材、粮食、中药材为主导的跨境产业链。在稳固边境贸易往来的基础上，绥芬河—东宁试验区积极拓展一般贸易、加工贸易、转口贸易等多种交易形式，以丰富贸易多样性。同时，绥芬河—东宁试验区大力推进物流园区建设，显著促进了物流产业的快速发展，为试验区内的资源、商品和货物的运输交易提供了更为高效便捷的物流服务。在共建"一带一路"倡议方面，绥芬河—东宁试验区积极融入"中蒙俄经济走廊"，运营"哈绥俄亚"陆海联运班列，并服务于"中欧班列"；此外，还开通了莫斯科至绥芬河的"中俄直列"，并启动了哈萨克斯坦至绥芬河的"互贸专列"，成功借助俄罗斯的港口实现了通海达洋的战略目标。与此同时，试验区与国内 16 个沿海港口建立了紧密的合作关系，构建了内贸货物跨境运输体系。在跨境农业种植和发展的过程中，东金集团利用远东地区粮食种植最广泛、耕种规范性最高的优势，租赁了俄罗斯三个农场进行种植，并且在多方沟通交流下，东金集团与俄罗斯的远东投资和贸易发展局、俄罗斯地方农业基金签订了合作，将粮食专业港口建设在哈巴罗夫斯克，开发十万公顷农业种植基地，该合作项目还被列为中俄"远东一号"现代农业综合示范项目。此外，绥芬河—东宁试验区发展边境游、出境游和入境游三线并行的旅游模式，积极与俄罗斯开展国际旅游合作，促进边境旅游业发展；兴办各类金融机构，扩大国际金融合作业务；加快与俄罗斯在文化领域的深度合作，包括动漫、影视、图书等多方面的联动交流，以增进两国文化的互鉴与融合。

三是在构建合作平台的过程中，积极发挥先行先试的引领作用，利用各个经贸合作平台的功能，在试验区内聚集优势生产要素，巩固提升现有机电、小商品、木业博览会的活力，并发展创办矿业、渔业资源合作等专题博览会；不断加强人文交流合作，与俄日韩建立了 17 对国际友城，连续举办多届国际口岸贸易博览会、中俄旅游文化节等一系列交流活动，促进各领域深化合作，全方位交流。

四是在优化和完善机制的过程中，试验区率先探索，并积极争取国家层面的优惠政策支持，以增强政策的推动效应。同时，试验区持续加强与各部门的协作联动，成立专门的发展建设团队，以推进试验区的高质量发展。基于市场机制和利益共享原则，鼓励企业采取投资、参股、并购等多种形式，构建企业集团和战略联盟。此外，绥芬河—东宁试验区积极促进各方合作，成立中俄联合专家组，以激发中俄两国企业、行业的交流合作活力，并加快推动人员交流与贸易往来的进程。

### 4.1.3 聚焦文化，助力旅游发展

（1）新疆塔城试验区以文化润疆，深挖历史底蕴，推进旅游与文化融合发展。旅游产业是对外开放过程中的重要产业，旅游业的发展是助推经济快速发展的重要环节。塔城作为丝绸之路的重要组成部分，历史十分悠久，环境优美，蕴含了丰富的历史文化及人文古迹。塔城试验区紧紧把握文化优势，以文化润疆为引领，大力推进旅游业的发展。塔城试验区大力投资，着力打造了三条旅游精品热线，即 S101 "天山地理画廊"、G217 "中国最美公路"——独库公路、G219 "边疆风情、千里画廊"——云上草原。塔城地区的相关文化和旅游部门每年均会赴内地参与旅游推广会议、宣讲活动及交易展会等，旨在提升旅游知名度。当前，塔城试验区已成功举办了裕民山花节、国际风琴文化艺术节、乌苏啤酒节以及托里阿肯阿依特斯旅游文化节等一系列节庆活动，并成功打造了"中国哈萨克族冬不拉艺术之乡"与"中国哈萨克族阿肯之乡"等知名品牌。在推动旅游业发展的同时，塔城试验区高度重视文化遗产的保护工作，特邀专家学者前来参与文化旅游的开发，深入挖掘独具特色的旅游文化内涵。同时，塔城试验区成立了文化遗产保护机构，并开发了多个文化遗产项目。此外，塔城试验区还积极整合旅游资源，探索独具特色的文化旅游模式，精心策划能突出塔城特色的活动，如雪地赛马、冰雕、雪雕比赛等，这些活动已享誉内外。同时，还包含冬宰美食品尝、押加、民族式摔跤等一系列丰富多彩的文化与美食活动。塔城相关文化和旅游部门通过产业经营、资本运作与文化融合发展，整合文化与旅游，带动全域经济快速发展。

（2）内蒙古满洲里试验区以"贸工一体、产旅结合"模式，打造中俄蒙文化旅游新高地。内蒙古满洲里试验区以呼伦贝尔市文旅产业提出的发

展要求为指导，利用"贸工一体、产旅结合"模式，深度探索其文化资源特色，利用其百年历史，以红色文化、异域文化、草原文化、矿石文化四个方面为出发点，挖掘其文化背景，加快旅游建设。中俄蒙国际旅游节、中俄蒙国际冰雪节、美丽使者国际大赛等节庆活动在满洲里试验区落地，满洲里还积极申办欧亚国际论坛及中俄蒙国际论坛，致力于打造"南博鳌，北满洲里"的国际知名会展城市。同时，满洲里试验区在旅游产业的拓展中，以红色旅游文化为核心，陆续打造了满洲里红色国际秘密交通线、国门景区及中共六大纪念馆；围绕异域文化特色，建立了扎赉诺尔博物馆、猛犸公园；凭借当地独特的草原文化，发展了铁木真大汗行营、敖尔金蒙元文化旅游区，并进一步规划了中国（满洲里）—俄罗斯—蒙古国的中俄蒙跨境旅游线路；推广了独具特色的出境自驾游、狩猎游、专列游、红色游及冰雪游等旅游项目；同时引进了俄罗斯的大马戏、芭蕾舞和歌舞剧等文化艺术形式。

在推动文化旅游融合的基础上，满洲里试验区十分注重玉石、油画等产业的发展。在发展玉石方面，成立满洲里市珠宝玉石首饰行业协会，促进玉石行业产业化、专业化纵向发展，推动矿产品进口资源落地加工，谋划建设玉石专业市场，将商贸网络通道完善，大力打造国内最大最专业的俄罗斯精品玉石集散中心。满洲里试验区玉石行业深度发展，产业结构优化，产业格局扩大，玉石文化得以生根、壮大。在发展油画方面，满洲里试验区与多个国家、民族交汇融合，油画艺术交流逐渐频繁，着眼于内蒙古区域文化特色的建设，培育中俄蒙油画的创作基地，大力推动中俄蒙三国油画艺术的共同发展，持续带动油画艺术产业化发展。满洲里试验区首届中俄蒙油画艺术家年会提出，要逐步创造一个落地于满洲里试验区的油画艺术品创作、展示、销售文化基地，不断提高中俄蒙油画艺术的影响力，共享文化艺术发展成果，共促油画艺术持续发展。同时，满洲里试验区还将以自治区"一旗一品"计划为依托，整合满洲里油画艺术资源，规划发展高端的文化产业项目，引领和辐射带动大众市场销售，培育、发展壮大油画创作、加工、展示、销售以及相关产业的一条龙产业链，逐步把满洲里试验区打造成为中俄蒙三国油画艺术品的产业集散地，从而融合文化与旅游，提升文化旅游产业发展活力，使试验区的文化市场得以欣欣向荣。满洲里试验区持续提升旅游服务标准，积极开展智慧旅游，完善旅游基础设施建设，促进旅游业综合型、智能型和融合型发展，全面提升文化旅游商品和服务质量，促进旅游消费升级，创新发展"文化+旅游+产业"齐行的模式，助力满洲里试验区文化产业健康持续发展。

### 4.1.4 坚持民生民心，共享发展新成果

（1）云南瑞丽试验区推出惠民举措，深化中缅合作，打造跨境民生新典范。云南瑞丽试验区秉持"亲诚惠容"的发展理念，已成功举办 19 届中缅胞波狂欢节，与缅甸建立了包括跨境农业、旅游在内的十余项合作机制。为增进缅甸民众福祉，瑞丽试验区与国内基金会携手，在缅甸边境地区实施了一系列民生项目。这些民生项目主要涵盖几个方面：一是通过创新民间交流模式，与国内基金会共同设立中缅民生基金，有效发挥非政府组织（NGO）和民生基金的积极作用，为缅甸民众提供教育、医疗、健康等援助，增进双边民众情谊，推动互利共赢合作。二是积极构建区域性国际交流合作品牌，抓住两国合作契机，举办系列国际交流活动，如中缅胞波狂欢节、经济贸易交易会、"一马跑两国"马拉松赛等，同时创办国际合作论坛，如中缅智库高端论坛，聚焦边境经济、文化交流，为南亚东南亚国家提供交流平台。三是瑞丽试验区创办全国唯一的缅文报《胞波》，并设立中缅合作书社，进一步完善双方交流合作机制，提高我国在缅甸及南亚东南亚地区的知名度和影响力。四是全面深化边境社会事务合作，涵盖教育医疗、文化体育、司法、海关检验检疫等领域，共同推动边境地区的共建共治、共赢共享。五是针对需要双方协商的紧急事件，瑞丽试验区设立双边政府"国门会晤"机制，实现跨境面对面交流，提升沿边地区政府间的沟通效率。六是为解决境内外边民子女的教育问题，瑞丽试验区设立"银井小学"，实行与国内学生相同的管理制度、教育和培养方案，为外籍学生提供优质教育资源。

（2）内蒙古满洲里试验区民生举措成效显著，交通建设助力经济发展。内蒙古满洲里试验区在民生方面实施"每年为民办好十件实事"的举措，让广大人民可以共同享受试验区发展的新成果。2012—2013 年，试验区在民生事业方面的投入资金累计 25.6 亿元，并且为进一步做好对老年人的关爱工作，试验区积极发挥红十字会的重要作用，多次开展慰问工作，向 60 周岁以上的贫困、残疾、大病、孤寡等老年人提供免费的体检服务，

让老年人更好地了解自己的身体状况。同时，向老年人普及更多的健康常识，提高他们的保健意识，把健康服务真正地送到人民的家中。此外，满洲里试验区为促进年轻人创业就业，搭建了创业就业服务平台。为促进区域互联互通，推动社会经济快速发展，稳住民生底盘，畅通微循环，满洲里试验区重点建设交通工程，包括省道511（机场路）以及县道342线（南外环）道路维修改造工程（续建）、C001及Y006公路养护工程（新建）。项目建成后可以极大程度上改善满洲里居民的交通出行情况，行车安全进一步提高，乘客的舒适感也得到进一步满足，促进满洲里试验区形成多层次、多渠道、多形式的运输模式以及推动货运市场集中、有形、有序发展。高质量建设满洲里试验区开发口岸，可以促进经济高速发展，创建人民满意、通达便捷的交通路网，同时全面打造城际交通体系，积极实现百姓对道路工程建设的期盼。满洲里政府2022年工作报告显示，满洲里试验区累计投入了85.9亿元的民生资金，城镇最低生活保障标准也从原来的616元提高到了788元。此外，满洲里的普惠性幼儿园达到95%的覆盖率，财政持续加大对教育工作的支持力度，着眼于解决在教育发展过程中，一些关键领域和薄弱环节所存在的问题和难题，进一步巩固义务教育均衡发展成果；投入并开始使用扎赉诺尔区新区中蒙医院，市人民医院晋升成为三级综合医院；完成了中东铁路第一站历史文化街区基础设施建设；"全国文明城市"成功复牌，成为自治区首批确定的新时代文明实践中心试点城市；全市铸牢中华民族共同体意识，荣获自治区民族团结进步示范市；深化军民融合发展，获得"全国双拥模范城"七连冠。

## 4.2　区内重点开发开放试验区高质量发展经验

### 4.2.1　立足国家战略，探索创新发展

（1）广西东兴试验区引领高质量发展，创多项"全国第一"与"广西第一"。东兴处于广西北部湾经济区和西南、粤港澳大湾区与东盟三大经济圈的接合部，是我国内陆腹地进入东盟的一个便捷海陆门户。近年来，东兴试验区的发展立足于国家战略，以习近平新时代中国特色社会主义思想为指导，深入贯彻落实自治区党委和政府机关对建设东兴试验区提出的

东兴试验区管理体制改革的决策部署。作为面向东盟开放的窗口，东兴以自我改革创新为使命，大力推进东兴试验区高质量发展。回顾东兴试验区的发展，其试验区创造了八个"全国第一"，二十个"广西第一"。其中，"全国第一"涵盖了多个领域，如在全国范围内率先开展了人民币与越南盾的特许兑换业务试点，建立了首个面向东盟的货币服务平台，并设立了第一家跨境保险服务中心，成功完成了第一笔经常项目跨境外汇轧差净额结算业务。此外，还率先实施了边境游网上预约办证服务，并颁发了首张集成 34 项功能的"一照通"营业执照。"广西第一"的显著成果包括率先推行工商登记认缴制，设立了首个海港进境水果指定口岸，并开展了个人跨境贸易人民币结算试点等二十项具有引领性的改革创新举措。东兴试验区不断跨域发展，大力推动发展新技术、新业态和新产业，创建了向边、向海的新兴产业体系，促进特色优势产业发展得到新突破。东兴试验区还集聚了世界 500 强、中国 500 强企业，六大跨境产业得到加速发展。

（2）广西凭祥试验区创新引领，智慧通关，构建沿边开放新高地。广西凭祥试验区自设立以来，积极融入新发展格局，完整准确地贯彻落实新发展理念，深入学习实践习近平总书记关于边疆治理的重要论述，准确把握试验区发展战略，从政策红利出发，解放思想，真抓实干，提升自我内生动力，大力提升沿边开发开放水平。据了解，凭祥试验区创造了 16 项"全国首创"，15 项"全区第一"，形成了一大批可复制推广的经验做法。试验区根据自身优势，创新构建了"一核、三区、三基地"的空间格局，凸显沿边特色。凭祥试验区敢闯敢干，在国家战略和自治区政府的大力支持下，在全国率先将全信息化智能通关模式运用于沿边口岸，并改革创新监管模式，实行"提前审结、卡口验放"制度。为解决中越火车入关时需要在卡口下车刷卡、盖章等消耗大量时间的难题，凭祥试验区重点发展智慧口岸建设，利用车牌扫码识别、指纹识别、人脸识别及射频识别等信息技术更好地节约时间；开发一批智能化检验系统模式，缩短通关时间，提升通关效率，友谊关口岸车辆通关时间已缩短至两分钟左右，大大增加了口岸货运量。2021 年，友谊关口岸出境货车 40.28 万次，进出口货运量 438.68 万次。凭祥试验区口岸通关的便利化、智能化，消除了疫情对进出口贸易的不利影响，极大程度上推动了试验区的对外贸易发展。而且近年来，凭祥试验区充分发挥地理优势，在多项领域中自我摸索、大胆创新，除上述提到的为通关便利实行的智能化、便利化措施外，试验区还创新外籍车辆直通过驳模式，解决了车辆拥堵问题，有效保证口岸正常通关；搭建了中越农副产品的绿色通道，创建完成"绿色通道"车辆标识、通道标识以及农副产品专用窗口，中越农副产品进出口得到优先检验，检验时间大大缩短，提高了农副产品的新鲜度；境外边民入境务工实现"三证"合一，多部门共同协助，加强跨境劳务合作；率先开创越南盾和人民币现钞的跨境调运，深化沿边金融改革，推动与东盟的金融合作，扩大人民币在东盟市场中的影响力，提升人民币的国际化水平；签发全国首张单机动车出境综合商业保险以及签订首单跨境劳务人员人身意外保险。此外，凭祥试验区多项制度创新成果得到国家认可，得以在全国全区推广借鉴，特别是《边境地区跨境人民币使用改革创新》这一案例，在全国自由贸易试验区第四批"最佳实践案例"评选中脱颖而出。凭祥试验区将继续发挥区位优势，立足于国家战略，抓住自我发展机遇，拓宽开放发展路径，持续健康地创新发展模式，努力建设成为具有国际影响力的优秀重点开发开放试验区。

### 4.2.2 抢抓跨境合作新机遇，打造开放发展新高地

（1）凭祥试验区以五维跨境合作打造新时代沿边开放新标杆。凭祥试验区以重点发展跨境贸易、物流、金融、旅游和劳务合作五个跨境合作项目为目标，打造新时代沿边开放发展新高地。在跨境贸易方面，凭祥试验区采取"提前申报"和"两步并行"的方式，当不需要查验货物整体通关时，时间可以缩短至十分钟左右；同时，实施的互市贸易集中申报、整车通行新模式，可以使每辆车的运输成本降低 3 万~6 万元。在跨境金融方面，首先在广西开展了越南盾和人民币现钞跨境调运业务，已累计调运越南盾现钞 106 亿越盾，调运人民币现钞 4 638 万元；其次，创新市场定价机制，在银行建立人民币兑东盟小币种汇率直接定价机制，推出关税保证保险产品。同时，为了提升线下交易互市贸易的结算效率，创新性地引入了非银行支付机构，为其开展线上集中跨境人民币结算服务，有效促进外贸稳定增长。在跨境旅游方面，凭祥试验区充分利用独特的区位优势和国家给予的优惠政策，大力推进跨国旅游持续高质量发展，奋力打造边境口岸城市旅游品牌，不断将凭祥试验区的跨境旅游事业推上新台阶。在跨境

劳务合作方面，凭祥试验区作为中越跨境劳务合作的试点，拥有丰富的劳动力资源，这解决了境内劳动市场务工人员较少、成本较高的问题。

（2）东兴试验区引领沿边开放合作，打造面向东盟的跨境产业新高地。东兴试验区面向东盟、服务于西部陆海新通道的沿边开放合作，是其最大优势，因此，跨境是东兴试验区的最大特色，而服务于共建"一带一路"倡议和 RCEP 是其最大的机遇。东兴试验区推动西部陆海新通道高质量建设，通过上海合作组织和防城港国际医学试验区，打造面向上海合作组织和 RCEP 重要城市的国际货运航线，推进了国家第三批多式联运示范工程申报进程，形成全链条运营模式，即"国际营销服务公共平台+产业园区+海外仓储+跨境物流"模式。东兴试验区持续推动沿边地区高水平发展，积极主动对接 RCEP，对投资贸易、产业合作、金融开放以及营商环境等几大领域进行制度创新；贯彻落实优惠政策，推进跨境贸易创新政策落地进程，建立通关监管新模式，打造面向东盟国际口岸物流枢纽和跨境贸易的金融开放门户；打造高质量的面向东盟跨境产业的供应链关键节点，充分发挥中国—东盟、RCEP 原产地规则的政策红利，构建"一口岸、一跨境产业链"新发展格局；实施跨境制造业"串链"工程，宣传"一企两（多）国"新模式，推动产业链企业实现上下游跨境协同；构建重点服务业跨境产业链节点，更好地将贸易、金融、物流、旅游等方面的跨境现代化服务业做大做强；大力支持建设华立跨境产业平台，探索边境产业链和供应链之间的合作新模式；建设全面深化改革创新试验平台，推动边境贸易的创新发展，促进"放管服"改革，优化营销运营环境；加快跨境劳务合作新天地，打造新时代兴边富民的"头雁"，加快兴边富民行动和守边固边工程的建设进度，使边境地区经济得到发展，人民生活得到改善。

与此同时，东兴试验区的跨境通道日益完善，跨境贸易得到快速发展，实现"一口岸多通道"发展新模式，在建材、水果、海产品、汽贸机电、红木、自行车、景观树、橡胶、北边边贸中心、粮食十大专业市场的加工贸易发展中实现新突破；跨境旅游形成特色品牌，精心策划并推出中越边境神秘探险之旅、中越跨境红色经典游、沿边沿海风光览胜游以及口岸特色观光游等一系列跨境旅游精品线路，形成了吃住行游购娱融为一体的特色旅游品牌；跨境金融发展改革取得新突破，建立金融合作交流新机制，积极发展以跨境经济服务为重点的金融业和保险业；发展跨境电商，打造示范性创业基地，以"互联网+"为契机，加快电子商务进入农村的各项工作进程，推进跨境贸易电子商务服务试点建设；加快打造百岸电子等跨境物流电子商务平台，实现跨境物流电商线下实物支付。

### 4.2.3 发挥沿边优势，壮大口岸经济

（1）凭祥试验区推动沿边高质量发展，壮大口岸经济。凭祥试验区紧密围绕沿边地区的开发开放发展战略，不断推进实践与创新，抢抓共建"一带一路"倡议的发展机会，充分发挥口岸优势，大力建设沿边高质量发展先行区，推动建成跨境产业合作示范区，全面壮大口岸经济。在发展口岸经济的过程中，要注重发挥"边"优势，做大做强特色产业。凭祥试验区在广西以其数量众多、种类丰富、规模宏大的口岸资源而著称。近年来，凭祥试验区立足于独特的边境优势，不仅致力于优化传统产业，提升其竞争力，更积极拓展新兴产业，推动其规模化发展，从而实现产业结构的优化升级。为推动外贸产业高质量发展，凭祥试验区持续加大口岸基础设施建设，使得外贸配套设施得到基本完善；在区位优势和政策优势的叠加下，外贸企业入驻试验区的数量逐步增加，外贸进口实现大幅度增长。在 2021 年的前 11 个月中，凭祥试验区口岸的车辆出入境数量达 40.58 万辆（列），与去年同期相比增长了 25.27%。同时，口岸的货物进出口总量也实现了显著增长，达到 384.7 万吨，同比增长了 40.76%。此外，边境地区的加工产业也呈现出迅猛的发展态势。凭祥试验区在追求发展的同时，提出"加工贸易倍增计划"，通过加大工业投资，积极引进一批具有竞争力的加工贸易企业，以不断壮大加工贸易产业规模。同时，凭祥试验区致力于推进外贸稳定发展，通过落实各项促进外贸增长的政策和措施，加快边境贸易的创新发展步伐。此外，凭祥试验区还将加速执行工业振兴三年行动计划，重点发展边境特色产品深加工、专业仓储物流等产业，以提升产业的附加值和竞争力。在新的发展征程中，凭祥试验区将主动融入新发展格局，充分利用其制度创新和政策创新的优势，以高水平开放促进高质量发展，特别是要深入挖掘和利用"边"的政策优势，不断提升开发开放水平，为试验区的长远发展注入强劲动力。

（2）凭祥试验区创新驱动发展，深化区域协同，打造跨境产业链合作新高地。通过海关、商务、市场监督、工信等部门的大胆创新与合力支

持，凭祥试验区持续优化落地加工产业布局，推进各项优惠政策切实落地实施，为落地加工产业营造了良好的发展氛围。为了推动经济健康可持续发展，凭祥试验区将进一步加大对重点产业项目、平台经济和总部经济的招商力度，积极吸引优质资源聚集；同时，将积极融入粤港澳大湾区的发展格局，深化产业精准合作，以促进区域间的协同发展。此外，凭祥试验区还将加速推动中国—东盟跨境产业链的合作，聚焦于构建跨境电子信息产业链、东盟特色食品药品加工产业链、红木家具制造业以及跨境商贸物流基地，进而提升产业的核心竞争力和国际影响力。在城乡发展策略上，始终坚持固边与兴边并行的原则，致力于推动全区城乡的深度融合发展。因此，凭祥试验区将乡村振兴与新型城镇化战略作为两大驱动力，持续完善城乡融合发展的体制机制，以期实现城乡基本公共服务的普惠共享、城乡居民收入的稳步增长以及城乡基础设施的协同发展。通过这些举措，将进一步释放城乡发展活力，促进经济社会全面发展；继续推进国家中小城市综合改革试点工作，加大建设特色小镇，推动综合交通网络建设，方便口岸乡镇和腹地区域中心之间的合作来往，引导口岸经济产业链合理布局，促使人员、货物、资金等方面可以高效流动，加快城乡融合速度，实现口岸经济高质量发展；加大对乡村面貌的改造力度，使其走在全区前列，加快产城融合进程，推动农村基础设施建设，大力发展现代特色农业，促进农业高质量发展，推进"壮美兴边"。

（3）东兴试验区引领区域经济一体化，打造中国—东盟自由贸易区重要门户。东兴位于我国大陆海岸线的最西南端，东南濒临北部湾，西南与越南接壤，是我国唯一与东盟既通过陆地、又通过海洋与河流相连，并且拥有相互依托的城市作为支撑的国家一类口岸城市，在"十四五"时期，不断推进改革创新，取得了显著成效。在新的发展阶段，东兴试验区将继续深化改革，扩大开放，加强与东盟的经贸合作，推动区域经济一体化进程。同时，东兴试验区也将注重加强与周边城市的协同发展，形成更加紧密的城市群，共同打造中国—东盟自由贸易区的重要门户和枢纽，充分发挥"海"的潜力，做足"边"的文章，使经济实现跨越式发展，逐步形成大开发大发展的新格局。随着共建"一带一路"倡议以及西部陆海新通道建设的不断深入，东兴试验区口岸经济得到进一步发展，口岸开发程度不断加深，口岸经济活力不断增强，边民生活水平也不断提升。东兴口岸作为国家级进境指定监管场地，进境产品涵盖了进境水果、进境冰鲜水产品、进境食用水生动物等，且开放水平在持续提升中。随着口岸功能的不断完善，口岸城市的经济也获得了显著发展，综合经济实力实现了大幅度增长。

2021年，东兴试验区生产总值为236.59亿元，人均GDP、人均财政收入、城乡居民人均可支配收入等各项经济指标均保持在广西前列，充分展现了东兴试验区在推动区域经济发展中的引领作用。此外，在近年来的发展进程中，东兴试验区不断抓牢沿边优势，大力发展经济，区域经济实力不断增强。同时，随着东兴试验区基础设施建设的逐步推进，其口岸通关能力得到显著提升。互联互通基础设施项目正在持续、稳定地推进中，为东兴试验区的长远发展奠定了坚实基础。值得一提的是，防东高速公路的建成通车，标志着东兴口岸不通高速公路的历史已告终结，这一重要里程碑的达成，将为东兴试验区未来的经济社会发展注入新的活力；中国东兴与越南芒街之间的互市便民临时浮桥建成通车，不仅极大地方便了两国人民的往来交流，而且成为中越两国企业携手并进、共同推动互联互通基础设施建设的典范。同时，中越北仑河一桥的口岸查验通道也实现了显著的扩充，由原先的24条增加至48条，这一举措极大地提升了口岸的通关效率，为两国间的贸易往来提供了更为便捷的条件，口岸联检设施建设也日趋完善。此外，东兴试验区在口岸基础设施建设方面的总投资超过10亿元。

东兴试验区利用"边"的优惠政策，持续优化口岸营商环境，通过全面推动制度创新，努力实现人员、货物和交通工具的快速通关，并有效降低通关费用，为企业和个人提供更加便捷、高效的服务。值得一提的是，东兴口岸已实施进出口货物提前申报制度，这一举措显著缩短了通关时间，大幅提升了通关效率。2021年有关数据显示，广西口岸的进出口整体通关时间已缩短至5.56小时，位居全国首位。即便在疫情形势极为复杂的情况下，东兴口岸的边贸经济依然保持逆增长趋势，充分展现了其强大的韧性和活力。此外，东兴试验区在边境不断强化边民互市贸易，推动出口贸易不断发展。截至2021年年底，互市贸易额累计达到168.48亿元，同比增长了113.4%，呈现出稳健的增长态势。同时，贸易区的进出口量也在逐步攀升，为区域经济发展注入了新的活力，带动了参与边境贸易的边民致富，东兴试验区的进出口贸易持续向好。

## 4.3 国外相关经验

### 4.3.1 美国

20世纪50年代,美国空气污染较为严重,洛杉矶连续发生了几次光化学烟雾污染事件,导致数名老人因呼吸道衰竭而死亡,且多数民众明显感觉到各方面的不适。第二次世界大战后,美国经济快速发展,随之而来的是不断增加的化石能源消耗,用于交通行业以及工业,污染气体的排放量不断增加,空气质量持续恶化。在此情况下,美国逐渐关注到大气污染治理的重要性,因此落实了一系列措施对大气污染进行治理。经过几十年的努力,大气污染治理得到了质的飞跃,1980年至今,虽然美国的人口上升了30%,能源消费上升了30%以上,但污染物的排放量却降低了60%以上,良好的空气质量有了保证。

总结美国治理大气污染的经验,主要有三个方面。

(1)颁布相关法律法规,依法治理。美国政府颁布了多部大气污染治理相关的法律法规,其开展大气污染治理工作以"法律先行"为基础,包括《机动车空气污染控制法》《空气污染控制法》等;《加州空气清洁法》由地方政府出台,地方性的大气污染控制法规比联邦法律法规标准更加严格。

与其他法律相比,美国大气污染治理的根本大法是《清洁空气法》。《清洁空气法》的约束力极为广泛,是美国环境保护署开展行政管理工作的基本法,给予了环境保护署诉讼权。

(2)良好运用多种经济手段。美国属于市场经济国家,在进行大气污染治理时,其使用了经济手段,设计了科学的排污权交易机制,积极带领企业升级技术,减少污染物的排放。排污权交易的实质在于,政府作为环境资源的所有者和社会利益的代表,通过组织排放污染物权利的拍卖活动,将一定量的排污权授予出价最高的竞买者。在此过程中,个人或污染企业有权从拥有污染排放权的污染者或政府处购买所需的污染权,而这些权利的所有者之间也可以自由地转让或出售排污权。这种交易机制旨在通过市场手段来有效配置环境资源,减少污染排放,促进可持续发展。从利益层面来说，排污权交易有利于经济格局的发展，从而提高生产效率、减少生产成本以及降低污染程度，且在经济增长的过程中，环境质量也不断提高。美国排污权交易机制的内容较为广泛，包含硫化物、二氧化碳、氮氧化物等多种交易类别，排污权交易机制在一定程度上增加了企业的排污成本，各类污染物排放量进一步减少。

（3）增加先进技术手段的运用。运用各种先进技术治理大气污染是美国解决大气污染问题的重要手段，包括清洁煤技术、油品催化转化技术、油品质量提升技术等，这些技术的运用减少了各种污染物的排放，技术创新在美国大气污染治理中起到了极为重要的作用，每一届政府都在大气污染治理现有技术上不断创新。

此外，美国还采取公众参与、行政命令等机制进行大气污染治理，公众参与的重点是呼吁环保组织及公众投身于大气污染治理中，使信息公开，进一步提升空气质量；行政命令是指相应的管理机构能够通过行使相关权力对大气污染进行治理。

### 4.3.2 英国

英国伦敦位于大不列颠岛东南部的低洼地带，其南北两侧被山峦环绕，受地形影响，泰晤士河自西向东蜿蜒流淌，当温暖的大西洋水汽吹拂至伦敦城时，与盆地内的冷空气相遇，水汽凝结形成雾气，弥漫在整个城市之中。由此循环往复，难以消散。而英国工业革命进程不断加快，带来无尽财富的同时，也在消耗大量不可再生的煤炭资源，污染了大气环境。英国政府实施的"先污染、后治理"政策，造成了 1952 年的"伦敦烟雾事件"，导致近 1.2 万人死亡。在此之后，该地区还是不断发生烟雾事件，使得英国的社会和民众受到严重的伤害。

面对空气污染日益严重的问题，英国政府意识到要进行大气污染治理。经过多年的治理，在 20 世纪七八十年代，伦敦烟雾改善卓有成效，空气质量名列世界前茅。分析英国在大气污染治理方面的有效经验和措施，可以总结为三个方面。

（1）出台大气污染治理相关的法律法规。20 世纪 50 年代，英国出台了一部执行力度强、内容涵盖范围广的《清洁空气法案》，这一法案在大气污染治理中具有典范性。除此之外，其他相关的法律还有《汽车燃料法》《污染控制法》等，英国大气污染治理的法制性、规范性得到提升。有关监测数据显示，近年来，伦敦空气中的黑烟和二氧化硫浓度均实现了大幅度的降低（降幅不低于80%），这一变化为城市居民的健康和生活质量提供了有力保障。

（2）治理采取多元化手段。1950年之后，英国在大气污染治理方面以政府、社会、市场为主体，创新了多元化治理的模式，着重关注企业相互之间、政府与公众之间的合作，以共同解决大气污染问题。因此，政府处于主导地位，在组织设立、政策设计、财政支持等方面具有重要的决定性作用。同时，政府积极调整产业结构，实行绿色经济政策，其中，以低碳、环保及新能源三大产业为重点。据悉，2010—2015年，英国发展较快的产业有新能源汽车、碳金融、替代能源和替代燃料。英国经济的未来发展方向仍以绿色产业为主，通过充分利用市场化的作用，号召企业进行清洁生产，从而降低环境成本。

（3）关注公众力量。从政府和企业的角度来看，公众是其在大气污染治理方面的主要压力源；而从公众的角度来看，当其对大气污染治理成果不满意时，便会用投票的方式来宣示自身的不满之处，公众对大气污染治理的关注越多，越会让政府花更多精力去解决公众不满的问题。当前，英国的环保组织不断增加，不仅有绿色和平、保护环境之类的国际组织，还有许多社区和地方性的环保组织。据此，英国思想家将环保责任与权利列入了公民的基本权利当中，该主张在英国各界已达成共识。英国公众的环保意识不断上升，使得大气污染治理由被动转向主动。

### 4.3.3 德国

德国的工业发达，位居世界前列，但在发展进程中同样出现了严重的空气污染问题。其中，德国工业区鲁尔的空气污染问题最为严重，丰富的煤炭资源是该地区的优势，但由于煤炭重工业的迅速发展，空气污染问题也日益严重。因此，德国实施了多种措施以治理空气污染，相关经验包括三个方面。

（1）着重开展系统的立法工作。德国在大气污染治理方面重点关注的是开展立法工作，依据法律明确主要污染物的标准，针对可能带来污染的生产活动要严格把关，在法律框架许可的情况下落实相关工作。德国出台了空气治理相关的法律法规，主要有 1974 年的《联邦污染防治法》、1979 年的《关于远距离跨境空气污染的日内瓦条约》和 1999 年的《哥德堡协议》。通过严格执行颁布的法律，德国的空气污染问题得到缓解，环境质量明显提升。

（2）注重产业结构的转型升级。大气污染问题在根本上是产业结构问题。19 世纪五六十年代，德国是工业化程度较深的国家之一，发电、钢铁、煤炭等产业的发展带来了严重的污染问题。因此，德国制定了一系列纲要，以实现产业结构转型升级，高科技、新材料、环保、信息等产业逐渐在国家经济中起主导作用。

（3）着重加快技术创新。技术创新的重点是积极开发降耗技术和节能产品，着重挖掘新能源。根据最新数据，德国的可再生能源已成为全国范围内重要的电力供应来源，其发展前景有望超越核能。预计在 2022 年之后，德国的核能市场将逐渐退出历史舞台，取而代之的是可再生能源的全面崛起。

### 4.3.4　日本

日本大气污染治理的主要特点是民众参与。日本民众的环境保护意识较强，自觉开展了多种居民活动，使得当地政府对于环境保护的意识渐渐觉醒。日本的大气污染治理方法可归纳为三点。

（1）治理路线自下而上。自下而上是日本治理大气污染的主要措施。日本政府未意识到大气污染将会带来严重危害时，没有法律的制约，导致多个地区的大气污染日益严重。为解决大气污染问题，大阪、东京等地方政府制定了许多有关公害防治的条例，且日本各级地方政府起带头作用，在政策、技术层面都领先于日本政府，如在大气测定技术的创新以及大气污染决策的制定等方面。

（2）立法先行。日本政府于 1962 年出台了《煤烟排放规制法》，该法规是地方政府以排放标准为基础实行的大气污染管理条例，对空气污染治理起了良好的正向效益，但制约了日本的经济发展。为寻求经济发展的出路，该法规于 1966 年被废止，不再具有法律效力。1968 年，《大气污染防止法》出台，规定了移动源与固定源大气污染的物质，提出各地方政府可自行制定高于国家标准的政策，并针对一定的污染排放总量实行控制制度，明确过失方的赔偿责任，法律的实效性大大提高。但是，《大气污染防止法》的实施对空气质量并无明显的提升作用。经过民众多次投诉后，日本在1970年开始对其进行大幅度的修订，各级政府可行使处罚权，严惩制度违反者，有效地减少了污染大气环境的活动。

经过多次修改，日本已经建立起相对完善的污染控制法律体系，其中，《大气污染防止法》明确提出了总量控制、机动车污染控制、燃料使用限制、紧急应对措施以及改善命令等多方面的具体要求。这些规定为日本的空气质量标准化提供了明确的法律依据和保障。

（3）民众的重视。日本的环境较为敏感，环境保护一直都是民众很重视的问题。日本政府制定与修订了一系列的法案法规，这都离不开日本民众的积极参与。1950年，日本各地进行了多次有关防止大气污染的居民运动，其主要目的是制止建设石化精炼所等污染环境的活动，这表现了日本民众的自我环境保护意识较为强烈。环境保护意识的不断增强，能促进政府在管理方面、政策方面和技术方面的能力不断提高。这也进一步说明，政府使用行政手段能更好地推动环境保护，若想要全面推进空气污染治理和大气环境保护，不仅要依靠国家，还要靠全体民众的积极参与。


## 4.4　经验与启示

### 4.4.1　争取和落实优惠政策，激发发展动力

积极争取政策支持，优化人才资源。与其他重点开发开放试验区一样，广西百色作为沿边地区，在试验区建设发展过程中，也面临交通基础设施薄弱、口岸通关能力不足、差异性政策不够创新、地方政府开放度不高、难以吸引投资商入驻等问题。因此，在积极融入我国全面深化改革的进程中，百色政府首先要以试验区的建设为契机，积极争取国家和自治区的优惠政策，推动国家和自治区的优惠政策落地百色试验区，成为优惠政策的试点地区，并发挥自身最大的优势。同时，百色试验区应该主动连接区内的凭祥试验区、东兴试验区，以及区外的其他试验区，根据各试验区每年的实际发展情况，向国家有关部门申请出台一些发展措施或者指导意见，以促进试验区高质量发展，争取尽快缩短与其他试验区的差距。在人

才资源方面，百色试验区应积极向国家、自治区争取一定的福利，允许试验区依据自身发展情况，按照一定的合法程序自行决定机关、企（事）业单位的待遇水平，允许试验区建立适合自身的津贴补助制度，使百色试验区的人才待遇大幅度提高，从而吸引更多的优秀人才，从根本上解决人才稀缺的难题。

落实优惠政策，深化开放合作。百色试验区应该明确政策重点，有力助推各项优惠政策的落实工作，加快发挥优惠政策的作用。在产业发展领域，百色试验区应建立试验区产业发展相关的负面清单，在招商落户的过程中注重地区经济的发展和生态保护问题，同时考虑百色试验区能否进行产业结构转型，发展新兴产业，带动区域经济健康稳定发展。在开发开放方面，百色试验区应着眼于探索境外发展合作新模式，推进百色综合保税区建设，深入打造面向东盟的开放门户城市，并探索其发展成为自由贸易试验区的机会与路径。在国家、自治区出台各类相关政策后，百色试验区应明确政策执行的主体、内容、相关责任部门和标准考核制度，保证各部门能够主动落实相关政策，同步下发与政策相关的资金、项目和事务权限，用好用活政策，提高政策的实用性。同时，百色试验区应积极完善自身政策执行的监督机制，对正在进行的政策执行情况进行定期检查，避免出现政策落实不到位的情况；建立责任落到个人制，明确政策实施的具体负责人，安排政策落实的具体时间，定期对负责人进行绩效考核，以全面了解政策的落实进度。此外，百色试验区要深化开放合作，加快创新体制机制的进程，发挥《关于加快广西百色重点开发开放试验区高质量建设的若干意见》的作用，在体制机制改革创新、产业合作、基础设施建设、财税、金融、土地、人才七大类共二十二项政策支持的基础上，加快百色试验区成为边疆民族地区高质量发展、服务和融入新发展格局的重要平台，推动与周边地区的开放合作，成为广西服务于共建"一带一路"倡议、构建全面开发开放新格局的排头兵。同时，在西部大开发和西部陆海新通道政策的支持下，政策优惠叠加效应明显，支持力度空前加大，为百色试验区的建设营造了良好的政策环境，百色试验区应充分发挥自我主观能动性，全面利用各方力量，落实各类相关政策，把政策真正用好用活，增加试验区的发展动力。

### 4.4.2 利用资源和沿边优势，大力培育特色产业

各重点开发开放试验区应充分利用当地资源，大力发展特色产业，发挥区位优势，抓牢当地优惠政策，全面推进试验区的高质量发展。百色试验区也必须利用好当地的有效资源和沿边地理位置优势，以特色产业为支撑，建立特色主导产业体系，实现试验区的高质量发展，不断增强其经济实力和自我发展能力。

一是发展跨境商贸业。百色试验区应积极利用沿边区位优势，发挥口岸作用，深入推进边境贸易创新发展，加快促进边境贸易交往便利化，建设大型专业边境贸易交易市场，搭建中越贸易往来的交流平台，形成互市贸易产业链，转变互市贸易方式，促进互市贸易功能升级；加强国内与东盟市场的对接，建设特色产业交易市场和仓储、运输中心，通过市场采购贸易模式推动建设大型专业市场，着重建设特色产业市场；大力推动跨境电子商务的发展，构建跨境电子交易市场，建设一个第三方平台体系，探索边境贸易进出口创新模式，发展跨境服务业，提升边境贸易水平，建设口岸跨境物流服务平台，优化跨境物流和通关作业流程，减少通关时间，提高通关效率，大力实施边境贸易创新发展提升工程。

二是发展现代化物流业。百色试验区应积极利用中国—东盟互联互通优势，在建设中国—东盟综合数据云端共享服务平台的基础上，建立中国—东盟公共物流信息平台，使物流业更加信息化；加快完善试验区内仓储、运输的配套设施以及信息网络平台等基础物流设施，拓宽货物运输直通车规模，推进海陆联运工程建设，加快运输工具、物流信息的国际化与标准化，使物流运输更加便利化；重点发展保税物流、冷链物流和第三方物流，构建一个国际物流产业群，扩大试验区经济集聚影响力，加大试验区的辐射带动作用。

三是以特色文化为主导，发展文化旅游产业。百色有着丰富的革命历史文化资源，可以将其特有的红色文化、与边境接壤的边境风情、浓厚的民族风情相互交流融合，打造跨国精品旅游线路，建设沿边国家风景道。同时，百色试验区可以通过提升生态旅游、红色文化旅游、民俗风情游、边境游的服务质量，打造一批优秀的百色印象大型实景演出精品剧目，创建百色起义纪念园 AAAAA 景区，并抓好自身优秀旅游资源，创建国家级、

自治区级旅游示范区；打造跨省跨境旅游经济合作区，开展中越跨境旅游合作；打造中国孟麻—越南北坡红色旅游区，争取开通跨境自驾游线路；积极发展文化娱乐、文化旅游、文化合作等一系列文化项目，加强与东盟各国特色文化产业的交流互动，开拓东盟文化市场；加大对特色文化旅游的开发力度，推动百色试验区特色文化的发展，打造属于百色试验区的特色文化品牌。

四是加快特色产业发展。百色试验区应以油茶、板栗、核桃、八角、坚果等产业为基础，建设一批特色产业基地，推进特色经济产业的发展进程；从第三产业林业出发，构建林业综合服务体系，构建林产品的相关交易市场和检验检测质量的负责中心，创设木材交易电子商务平台，大力发展家具家装产业，形成木材加工产业链。

五是促进新兴产业发展。百色试验区应积极推动实施"百色一号+"工程，拓展多向多式联运方式，开拓粤港澳大湾区和东南亚市场；落实风电、光伏发电项目竞争性配置规则，大力发展新兴清洁能源，重点瞄准汽车轻量化、新能源发电配套铝制造业，全面推进建设中国—东盟新兴铝产业基地，推动新型生态铝产业发展，深化铝产业的开放合作，并大力发展工业用铝、交通用铝、包装用铝、建筑用铝、电子家电用铝等产业，加快形成铝产业加工出口产业链，推进铝行业绿色低碳循环发展，促进铝产业优化升级；重点发展新材料、新能源等高端产业集群，带动试验区新兴产业发展和区域经济的发展；推进生产性服务业的发展，将重点生产产业的服务功能进行剥离整合，培育一批专业性服务企业，以及发展仓储、物流、科技研发、检测检验的生产性服务业，以更好地为中国（百色）—东盟现代农业交易会、百色汽车交易会等活动服务；持续推进商贸服务业升级，促进住宿餐饮业发展。

### 4.4.3 完善基础设施建设，加强互联互通

百色处于我国的沿边地区，大部分地区的开发建设时间晚，在自然环境因素和发展基础薄弱的双重影响下，百色试验区的交通、水利、通信、电力等基础设施建设长期滞后，总体发展水平落后的问题仍然较为明显，如果不进行改变，百色试验区将难以适应今后开发开放的发展要求。因此，百色试验区在发展过程中，必须加快基础设施建设，加快打造互联互

通的立体网络体系。

一是加快完善口岸基础设施建设。百色试验区应积极推进口岸建设并提出发展策略，迅速构建完善的口岸开放架构；加快提升试验区内龙邦口岸的国际性口岸畅通能力和口岸的配套功能，将龙邦口岸建设成为国际性的口岸旅检通道，以及将其打造成为引领百色试验区开发开放的核心区域；构建路网通体系，提高通关效率，使通关更加便利化，保证贸易往来顺利进行。

二是建立互联互通立体网络。在公、铁、水、空立体交通方面，百色试验区应持续加大交通基础设施建设力度，加速推进公路路网建设，加快农村产业道路基础设施的升级改造，构建安全、高效、便捷的现代化农村交通网络，打造广泛覆盖的农村公路网络体系，解决"微循环"畅通问题；持续加快机场扩容改造，大力完善试验区机场的基础设施；加强对右江水运重大基础设施的建设，推进内河港口的扩容改造和集疏运体系建设，将右江水运航道打造成为Ⅱ级航道，促进百色试验区的海上贸易往来；稳步推进铁路重点枢纽项目工程，打造面向东盟的国家物流枢纽，提高互联互通水平。

三是加快信息基础设施建设。百色试验区应全面推进建设 5G 通信基础设施，提升城镇光纤网络和 4G、5G 网络的覆盖水平；加快数字化发展，促进试验区形成百色云计算大数据中心，搭建服务于智慧百色政务、百色统一移动以及中国（百色）—东盟商务信息等的优质服务平台，持续推进中国（西林）商用大数据中心建设；加快实现城市基础设施智能化，形成智能化交通管控，提升电子通关效率，提高口岸信息化水平。

四是完善城乡基础设施建设。百色试验区应积极制定有关土地利用、产业发展、基础设施建设、公共服务、生态环保方面的规划，加快城乡供水工程建设，提高城乡饮水安全水平，实现城乡供水一体化；完成道路通畅建设工程，使出行更为便捷，加快城乡融合进程；完善电网结构，发展智能电网，让群众生活更方便；加大对城乡污水处理设施的建设力度，将污水治理与资源利用保护相结合，实现共同发展。

五是完善园区基础设施建设。工业园区是工业经济追赶超越、转型升级的重要平台，完善园区内的基础设施，有助于推动百色试验区的经济发展。百色试验区应加大对园区基础设施建设的资金投入力度，在生产、生活和服务等各个方面做好相应的建设规划，有序推进园区水、电、路、气、通信等方面的基础设施建设，逐步解决园区存在的基础设施不完善的短板问题，大力打造道路系统顺畅、市政设施完善、生态环境优美的现代化园区，为园区企业营造良好的经营环境，以及提供便利的产业发展通道，促使百色试验区经济实现加速发展。

### 4.4.4 建立相关人才支撑体系

百色试验区在发展过程中要注意探索人才保障机制，创新引入专业人才的方式方法，吸引更多的海内外优秀人才进入试验区，共同建设试验区。百色试验区要加强对技术人才的培养，加大对边境区域高职教师的培训力度；积极争取与东盟国家的合作，在试验区设立专业技能培训机构，培养更多的优秀专业人员；加快完善与东盟各国劳务合作的相关制度，创建相应的劳务合作平台，优化升级境外劳务许可、居留和出入境等手续的办理程序，加快劳动力资源在试验区的流动速度，加大试验区与东盟国家劳动力对接的承接力度；抓住开发开放机遇，利用政策扶持、项目支持等，探索并制定人才资源建设发展目标，创新人才引入培养机制，搭建一流平台、创造一流条件、吸引一流人才，建立完善的人才支撑体系，为百色试验区的经济高质量发展集聚人才、赋能增效。

### 4.4.5 加强人文交流，推进合作共赢

加强人文交流，深化合作领域。百色试验区要积极与各国、各试验区加强人文交流。人文交流合作作为国家、试验区之间关系发展的重要动力之一，其重要程度仅次于政治安全和经济贸易合作，肩负着重要的发展使命。我国广西与越南等东盟国家接壤，人文相近，具有悠久的人文交流历史渊源。百色试验区应充分利用自身的区位优势，有力助推与东盟国家之间在文化、教育、旅游、华人华侨、青年交流等方面上的各类交流合作，积极扩展人文交流合作的便利渠道，丰富其合作内容，形成百色试验区与东盟各国的全方位、多层次人文交流的新格局。在文化艺术方面，百色试验区应定期举办文化表演活动，以中国京剧、书法等传统文化为发展重点，促进双方对不同文化的了解；在教育方面，发挥百色学院等学校的重要作用，努力打造中外人文交流平台，建设人文交流合作特色学校，努力

为长期在百色试验区务工的越南籍员工子女争取就近入学的机会，并提供相应的奖励制度，同时发挥自身地理位置优势，开展汉语教育教学工作，做好外派教师的相关培训工作，加大对外派教师队伍的培养力度，积极鼓励符合条件的教师参与支教，并为其提供相关的福利政策，保障外派教师的相关福利，大力推进双向流动的教育活动，建设国际友好交流合作学校，推进境外办学工作进程；在青少年交流方面，积极筹办海外华裔青少年夏令营等活动，引导和促进海外华裔青少年对家乡文化的深入了解，增强他们的民族自豪感、民族归属感以及落叶归根意识，鼓励他们大力传承中华优秀传统文化，培养他们在不同文化面前保持开放、包容、尊重、理解和欣赏的态度，并将这些知识和态度转化为行动，积极参与跨文化交流，主动与来自世界各国的人们进行文化交流和思想交流，从而传播中华文化，发出中国声音，为塑造可信、可爱、可敬的中国形象和扩大知华友华的国际舆论朋友圈作出青年学生应有的贡献。

发展特色旅游，提升品牌影响力，促进人文交流。在旅游方面，百色试验区应在保护生态环境的基础上，大力挖掘红色文化，发展特色旅游，简化签证落地手续，让其他国家感受红色文化、特色旅游，提升百色红色旅游品牌的影响力。例如，推动百色跨境自驾游，鼓励有经济实力的旅游企业落户百色试验区，开发旅游景点和打造精品旅游路线，给予跨境自驾游全方面服务，提高跨境旅游服务水平，使跨境旅游更加方便，带动试验区经济增长。

# 5  百色试验区环境与经济发展关系的环境库兹涅茨曲线分析

多国综合研究揭示了国际贸易对环境污染影响的多样性，国际贸易和外商直接投资（FDI）的环境效应成为关注的焦点。传统的 H-O 理论主要侧重研究国际贸易和 FDI 对国家福祉及经济增长的积极效应，而对环境因素的考量相对较少。然而，在全球经济一体化步伐加快的背景下，环境污染问题通过国际贸易和 FDI 在全球范围内呈现扩散趋势。这一趋势引发了国内外学者对国际贸易和 FDI 在环境污染影响方面的深入探讨，形成了多元化的理论框架。其中，环境库兹涅茨曲线（EKC）的提出与实证检验尤为引人注目。Grossman Krueger 于 1991 年在相关研究中首次将国际贸易"开放度"纳入 EKC 分析框架，其研究结果表明，国际贸易对环境的直接影响并不显著，仅在空气质量指标中观察到，开放度较高的国家，其城市的二氧化硫浓度较低，而其他指标与国际贸易并无显著关联。而在 1996年，Rock 在研究中对比了收入和 GDP 中制造业占比相似的两国，发现开放度与环境污染水平存在负相关关系。他认为，世界银行倡导的基于贸易经济一体化的经济发展策略可能伴随较大的环境成本，发展中国家的环境可能持续恶化，直至跨越 EKC 的顶点。Suri Chapman（1998）则深入探讨了经济增长、国际贸易和经济结构调整对能源消费 EKC 顶点的影响。研究发现，在东亚和拉丁美洲等处于快速工业化进程的国家中，能源消费增长主要来源于出口制成品生产领域。国际贸易促使具有环境资源比较优势的发展中国家的产业结构向资源密集型转变。因此，对于处于工业化进程中的发展中国家而言，EKC 的转折点可能会被推高。Agras Chapman（1999）的研究纳入了价格因素，以分析国际贸易对能源利用模式的影响。然而，其研究结果显示，贸易变量的解释力并不突出，而价格弹性的短期和长期变动则成为关键解释变量。此外，Lindmark（2002）的研究揭示了石油价格变动、技术效应及产业结构变化是影响瑞典 1870—1997 年二氧化碳排放量呈现倒"U"形变化的主要因素。最后，Cole（2004）的研究通过引入贸易开放度、产业结构等变量，发现环境质量的提高与高收入水平下环境规制的增强、环保技术的投入力度加大、贸易开放程度的增加、制造业产出占比的减少以及污染产品进口结构的变化密切相关。他认为，发展中国家要想跨越环境转折点，关键在于生产型产品的收入需求弹性降低。

中国学者张晓等揭示了大气污染与经济增长的倒"U"形关系，国际贸易与 FDI 对环境的影响呈多元化。在国内，张晓率先涉足此研究领域，并于 1997 年深入剖析了 1985—1995 年中国改革开放背景下的大气质量数据。研究揭示了废气和二氧化硫排放量的变动趋势与实际人均 GDP（以 1978 年为基期）之间存在倒"U"形关系。转折点出现在实际人均 GDP 为 1 200~1 500 元时，标志着自 1997 年起，中国大气污染正步入转折期，逐步趋向缓和与改善。然而，2001 年，凌亢、王浣尘等学者以南京市为个案，深入研究了当地经济发展与环境污染的相互关系。他们发现，1988—1998 年，南京市的废气、二氧化硫及废物排放量持续上升，这与倒"U"形规律相悖，EKC 并未出现明显转折点。同年，吴玉萍等学者则以北京市为研究对象，构建经济增长与环境污染水平的计量模型。研究结果显示，氮氧化物、总悬浮颗粒物、工业废水排放量、化学耗氧量（COD）及贮存量等环境指标，均与经济增长呈现倒"U"形关系。2005 年，杨海生、贾佳等学者采用随机效应与固定效应模型，深入分析了全球化对广西百色环境库兹涅茨曲线的形态及关联度的影响，并评估了开放度对 EKC 的效应。他们的研究指出，国际贸易增长并未显著影响广西百色的 EKC，但为环境保护提供了经济与技术支撑，通过引入环境友好技术，促进了百色环保事业的发展。然而，研究也发现，FDI 与污染物排放量之间存在显著正相关关系，说明 FDI 对环境产生了负面效应，加大了广西百色跨越 EKC 转折点的挑战难度。

基于当前 EKC 的国内外研究态势，本书拟采用 2002—2020 年广西百色在经济发展、资源环境等方面的详尽数据，对 EKC 进行实证性剖析。此外，本书亦将影响环境污染的调控变量纳入模型，特别关注在开放经济环境下，贸易开放度及外商直接投资这两个关键调控变量对 EKC 的具体影响。

## 5.1 资料来源与处理

基于数据的代表性和可获取性原则，本书所采纳的时间序列数据涵盖了广西百色 2002—2020 年的原始数据序列。在研究中，将污染物排放指标划分为三大类别，即气体、液体和固体废弃物的排放。具体而言，选择的污染物排放变量包括经对数变换的废气排放量、固体废弃物排放量以及废水排放量三类指标（见表 5.1）。这些数据均来源于对应年份的广西百色统计年鉴。为了衡量收入变化，本书选用人均收入这一关键指标。这一数据经过通胀调整，最终以实际人均 GDP 的形式呈现，确保了数据的准确性和可比性。在计算过程中，本书以 2020 年为基期，这样的处理方式确保了数据的准确性和可比性，为后续的分析和研究提供了坚实的基础。

表 5.1　2002—2020 年广西百色的污染物排放量与人均 GDP

| 年份 | 人均 GDP /万元 | 废气排放量 /万立方米 | 固体废弃物排放量 /万吨 | 废水排放量 /亿立方米 |
|------|------|------|------|------|
| 2002 | 1 067.00 | 1 860 | 4.72 | 11.58 |
| 2003 | 1 115.42 | 2 275 | 4.94 | 11.60 |
| 2004 | 1 205.00 | 2 420 | 4.25 | 11.59 |
| 2005 | 1 374.65 | 2 359 | 3.89 | 11.56 |
| 2006 | 1 525.16 | 2 458 | 3.87 | 11.53 |
| 2007 | 1 563.40 | 2 595 | 4.06 | 11.78 |
| 2008 | 1 597.37 | 4 676 | 3.04 | 11.53 |
| 2009 | 1 695.49 | 3 136 | 3.04 | 11.67 |
| 2010 | 1 944.78 | 2 878 | 2.94 | 11.57 |
| 2011 | 2 263.84 | 2 996 | 2.40 | 11.52 |
| 2012 | 2 564.66 | 3 108 | 2.48 | 11.54 |
| 2013 | 2 679.33 | 3 279 | 2.48 | 11.36 |

表5.1(续)

| 年份 | 人均 GDP /万元 | 废气排放量 /万立方米 | 固体废弃物排放量 /万吨 | 废水排放量 /亿立方米 |
|---|---|---|---|---|
| 2014 | 2 699. 30 | 4 884 | 3. 33 | 11. 73 |
| 2015 | 2 641. 37 | 5 016 | 3. 50 | 11. 64 |
| 2016 | 2 585. 81 | 5 417 | 2. 40 | 11. 67 |
| 2017 | 2 627. 46 | 6 509 | 1. 79 | 11. 82 |
| 2018 | 2 668. 03 | 8 530 | 1. 61 | 11. 97 |
| 2019 | 2 748. 89 | 8 532 | 1. 61 | 12. 03 |
| 2020 | 2 906. 12 | 10 432 | 1. 39 | 12. 03 |
| 2021 | 3 047. 22 | 11 749 | 1. 49 | 12. 02 |
| 2022 | 3 117. 39 | 13 025 | 1. 73 | 12. 17 |

## 5.2　环境库兹涅茨曲线实证分析

参考 Grossman Krueger（1995）的研究成果，本书构建了一个用以分析经济发展与环境污染关系的计量模型，具体如下：

$$\ln y = \beta_0 + \beta_1 \ln x + \beta_2 \ln^2 x + \beta_3^3 \ln x + \xi$$

其中：$y$ 代表污染物排放量；$x$ 代表人均收入水平；$\beta_1$、$\beta_2$、$\beta_3$ 为模型参数；$\xi$ 为随机参数项。根据计量模型回归结果可以判断环境—收入的几种可能的曲线关系：①如果 $\beta_1 > 0$、$\beta_2 < 0$、$\beta_3 > 0$，则为三次曲线关系或者说呈 "N" 形曲线关系；如果 $\beta_1 < 0$、$\beta_2 > 0$、$\beta_3 < 0$，则为倒 "N" 形曲线关系。②如果 $\beta_1 > 0$、$\beta_2 < 0$、$\beta_3 = 0$，则为二次曲线关系或者说呈倒 "U" 形曲线关系；如果 $\beta_1 < 0$、$\beta_2 > 0$、$\beta_3 = 0$，则为 "U" 形曲线关系。③如果 $\beta_1 \neq 0$、$\beta_2 = 0$、$\beta_3 = 0$，则为线性关系。

本书利用 2002—2020 年广西百色的数据，将表 5.1 中的三类指标分别与人均 GDP 进行回归分析。在执行实际评估时，我们将根据统计值的测算结果来判别回归残差中是否存在序列自相关性的潜在问题。一旦确认存在此类问题，我们会在评估模型中针对性地引入调整项，旨在消除序列自相关的影响，进而确保分析结论具有较高的精确度和可信度。

### 5.2.1 工业废水污染与人均 GDP 的 EKC 检验

经过 DW 检验，我们发现回归分析中存在残差序列自相关现象。因此，表 5.2 中呈现的一次模型估计结果，是在考虑并加入了一阶自相关 AR(2) 项后得到的。

$$lniwater = -0.88lnagdp + 80.30 + [AR(1)、AR(2)]$$
$$AR(1) = 0.432\,934 \qquad AR(2) = 0.565\,160$$

上述公式明确阐明了人均 GDP 与工业废水排放量之间的线性作用机制：随着人均 GDP 的增长，工业废水排放量呈现相应的下降趋势。具体而言，当人均 GDP 上升 1% 时，工业废水排放量相应减少 0.88%。然而，为全面探索人均 GDP 与工业废水排放量之间可能存在的非线性关联，我们在模型中引入了人均 GDP 的高阶项进行估算。经过细致分析，以及基于模型拟合度的最优化原则，我们观察到废水排放量的对数（lniwater）与人均 GDP 之间存在显著的曲线关系。这一非线性模型可表述为

$$lniwater = 2.02lnagdp - 0.03lnagdp^3$$

表 5.2 废水排放量与人均 GDP 的估计结果

| 变量 | 一次 | 二次 | 三次 |
|---|---|---|---|
| $\beta_1$ | -0.88（-2.08） | 0.97（2.32） | 2.02（11.35） |
| $\beta_2$ | 0 | -14.38（-2.26） | 0 |
| $\beta_3$ | 0 | 0 | -0.03（-9.28） |
| $C$ | 80.30 | 64.44（2.70） | 0 |
| AR | AR（2） | AR（0） | AR（0） |
| R-squared | 0.77 | 0.45 | 0.79 |
| DW | 2.65 | 0.84 | 0.87 |
| F-statistic | 16.99 | 7.23 | 8.28 |

从上述公式中可以观察到，在引入人均 GDP 的立方项后，估计结果基本与一次线性模型相吻合，即工业废水排放量与人均 GDP 之间存在逆向变动关系。进一步地，基于多项式模型的估算数据，我们确定了该曲线关系的两个拐点，分别对应的人均收入门槛为 2.3 万元和 4.7 万元。在人均收

入未达到 2.3 万元的发展阶段，工业废水排放量与人均 GDP 呈正相关关系。然而，当人均收入跨过 2.3 万元这一临界点后，人均 GDP 的增长反而促使工业废水排放量下降，显示出一种负相关关系。这表明在此阶段，经济增长可能推动了更先进的废水处理技术的发展和更为严格的环境监管措施的实施。然而，随着人均 GDP 的继续增长，当达到 4.7 万元的第二个临界点时，工业废水排放量再度与人均 GDP 同步上升。这反映出，在这一发展阶段，经济增长可能同时带动了更为频繁的工业活动及更大的废水排放压力。这一发现凸显了人均 GDP 与环境污染之间潜在的复杂非线性关联，警示我们在制定环保政策时，必须全面考量经济在不同发展阶段对环境产生的差异化影响，并采取恰当的策略以平衡经济增长与环境保护之间的关系。

### 5.2.2 大气污染与人均 GDP 的 EKC 检验

表 5.3 展示了废气排放量与人均 GDP 之间的估计结果。在进行模型估计的过程中，为了消除残差序列的自相关现象，我们加入了二阶自相关项 AR (1)。经过检验，最终选择了表 5.3 中的二次模型作为最优模型：

$$\text{lnigas} = -21.85\text{lnagdp} + 1.46\text{lnagdp}^2 + 93.63 + \text{AR}(1)$$

$$\text{AR}(1) = 0.622395$$

表 5.3 废气排放量与人均 GDP 的估计结果

| 变量 | 一次 | 二次 | 三次 |
|---|---|---|---|
| $\beta_1$ | 0.35（0.89） | −21.85（−1.41） | −10.22（−0.12） |
| $\beta_2$ | 0 | 1.46（1.01） | −0.10（−0.01） |
| $\beta_3$ | 0 | 0 | 0.07（0.14） |
| $C$ | 9.98 | 93.63（1.58） | 69.56（0.31） |
| AR | AR（0） | AR（1） | AR（0） |
| R-squared | 0.59 | 0.63 | 0.63 |
| DW | 2.32 | 2.29 | 2.28 |
| F-statistic | 12.20 | 9.22 | 6.50 |

上述模型深刻揭示了废气排放量与人均 GDP 之间存在的"U"形关系，并且该"U"形曲线的拐点发生在人均 GDP 达到 0.33 万元时。该曲

线精准地描绘了人均 GDP 的变动作用于废气排放量的动态变化：在人均 GDP 尚未触及 0.33 万元的阈值之前，废气排放量会随着人均 GDP 的增长而逐渐递减；然而，一旦人均 GDP 超越这一临界点，废气排放量则会随着人均 GDP 的进一步增长而呈现上升趋势。将广西百色当前的人均 GDP 水平与这一曲线的拐点进行对比，可以发现其废气排放量与人均 GDP 的关系正处于"U"形曲线的上升段，即随着人均 GDP 的增加，废气排放量亦在同步增长。此外，为了更加严谨地验证废气排放量与人均 GDP 之间的非线性关系，我们在模型中额外纳入了人均 GDP 的立方项：

$$\text{lnigas} = -10.22\text{lnagdp} - 0.10\text{lnagdp}^2 + 0.07\text{lnagdp}^3 + 69.56$$

经过严谨的分析与估算，我们发现人均 GDP 的一次项、平方项以及立方项的估计系数在 t 检验中均未显示出显著性特征。这一结果对原先提出的假设，即人均 GDP 的一次项、平方项及立方项在模型中联合显著，构成了有效反驳。基于上述分析，我们可以确切地判断，废气排放量与人均 GDP 之间的关系呈现二次曲线关系，而非更为复杂的立方形态。

### 5.2.3 固体废弃物污染与人均 GDP 的 EKC 检验

表 5.4 展示了固体废弃物排放量与人均 GDP 之间的估计结果。在进行模型估计的过程中，为了消除残差序列的自相关现象，同样加入了二阶自相关项 AR（2），并最终选择了二次模型作为最佳拟合模型：

$$\text{lniswaste} = 3.25\text{lnagdp} - 0.38\text{lnagdp}^2 + [\text{AR}(1)、\text{AR}(2)]$$

$$\text{AR}(1) = 0.816\,886 \qquad \text{AR}(2) = -0.375\,065$$

表 5.4　固体废弃物排放量与人均 GDP 的估计结果

| 变量 | 一次 | 二次 | 三次 |
|---|---|---|---|
| $\beta_1$ | −2.45（−3.64） | 3.25（4.70） | 160.80（0.78） |
| $\beta_2$ | 0 | −0.38（−4.22） | −20.00（−0.73） |
| $\beta_3$ | 0 | 0 | 0.81（0.66） |
| $C$ | 21.58（4.14） | 0 | 420.15（0.80） |
| AR | AR（2） | AR（2） | AR（2） |
| R-squared | 0.82 | 0.83 | 0.84 |
| DW | 1.91 | 1.92 | 1.97 |
| F-statistic | 23.47 | 17.20 | 13.17 |

经过重新分析发现，人均 GDP 与固体废弃物排放量之间存在显著的倒"U"形曲线关系。进一步量化分析显示，该曲线的拐点对应的临界值为0.67 万元。这一估算值意味着，在人均 GDP 尚未达到 0.67 万元的发展阶段，固体废弃物的排放量会随着人均 GDP 的增长而增长，显示了一种同步上升的趋势。然而，一旦人均 GDP 超过这一临界值，固体废弃物排放量将开始呈现下降趋势，即随着人均 GDP 的进一步提升，排放量逐渐降低。

从总体上看，广西百色在固体废弃物排放这一污染指标上，呈现出在较低的人均 GDP 水平下，固体污染已经达到库兹涅茨曲线的拐点。这可能是由于相较于废水和废气等其他类型的污染物，固体废弃物的监管和控制措施在职能部门的执行中相对容易实施，从而促使此类污染得以更有效地控制和管理。

经过对上述三类环境污染指标与人均 GDP 时序数据的细致剖析，本书发现环境污染与收入变动、经济发展之间的关系并非恒定的，而是呈现出一定的动态性和不确定性。这种不确定性主要归因于环境—收入库兹涅茨曲线的估计结果对所选度量标准、样本数据及估计技术的敏感性。具体而言，工业废水排放量与人均 GDP 之间呈现出一种"N"形关系，废气排放量则与人均 GDP 形成典型的库兹涅茨倒"U"形关系，固体废弃物排放量也与人均 GDP 呈现出倒"U"形曲线关系。这些分析表明，EKC 的形态在很大程度上依赖于基础数据的特性以及所采用的估计方法的选择。因此，在进行相关研究时，应充分考虑这些因素，以确保分析结果的准确性和可靠性。

### 5.2.4　环境库兹涅茨曲线的进一步估计

在深入分析环境污染与人均 GDP 关系的基础上，本书决定引入关键的控制变量，旨在重新审视环境—收入曲线之间的动态关系。此举的两大核心目标如下：第一，我们期望探究在整合这些控制变量后，原先描述的各类环境污染指标与人均 GDP 之间的曲线趋势和形态是否会出现显著变动，特别是聚焦在特定曲线的转折点上是否会有新的调整。第二，通过纳入这些控制变量，我们能够更加精确地剖析这些变量对污染排放的具体作用机制，从而更为全面地把握环境污染的决定性因素。在参考当前研究文献并结合广西百色环境—收入关系的实际情况后，我们将特别关注在开放经济背景下，贸易开放度和外商直接投资这两个核心控制变量对环境污染产生的具体影响。

（1）贸易开放对环境的影响是一个备受关注的话题。基于比较优势理论，国际贸易倾向于推动污染密集型产业从环境规制严格的发达国家向发展中国家转移，或从管制严苛的国家流向管制较为宽松的国家。这一趋势凸显了各国在专业化分工模式上的差异性，其中，发达国家更偏向于生产环保型产品，而发展中国家则更多地聚焦于资源密集型和能源密集型产品的制造。据此，有观点提出，国际贸易对造成环境污染的活动可能产生"替代效应"，即污染产业可能会寻求环境规制较为宽松的地区作为"避难所"。为了度量贸易开放对环境的影响，本书采用贸易开放度这一指标，具体计算方法为出口贸易额占 GDP 的比重，记为 open。

（2）外商直接投资在广西百色的经济建设中占据了举足轻重的地位。它不仅填补了资本、技术和管理经验的空白，推动了就业市场的繁荣，提升了劳动力的专业技能，还刺激了出口增长，为区域经济注入了强劲动力。然而，FDI 的引入也伴随着一系列环境挑战。在追求经济效益的过程中，部分地区对可持续发展的考量相对不足，这为一些发达国家转移污染密集型产业提供了机会。近 20 年来，诸如化工、石化、皮革、印染、电镀、农药、造纸、采矿、冶金、橡胶、塑料、建筑材料及制药等污染较重的行业或项目，在沿海地区成为外商投资的热门选项。为了准确评估 FDI 对环境的具体影响，本书将外商投资额度作为一个度量指标，即外商直接投资总额占 GDP 的比重，记为 fdi，以此来深入探究 FDI 与环境效应之间的关系。

同样地，为了更全面地分析模型，本书引入控制变量进行估计。具体的模型如下：

$$\ln y = \beta_0 + \beta_1 \ln x + \beta_2 \ln^2 x + \beta_3^{\,3} \ln x + \lambda \frac{\text{open}}{\text{GDP}} + \xi$$

$$\ln y = \beta_0 + \beta_1 \ln x + \beta_2 \ln^2 x + \beta_3^{\,3} \ln x + \lambda \frac{\text{fdi}}{\text{GDP}} + \xi$$

首先，对方程进行了初步估计，该方程包含人均 GDP 的平方项和立方项。通过检验估计系数的 t 统计值，可以有效辨识变量之间是否存在"N"形或倒"U"形曲线关系。若人均 GDP 的立方项在统计检验中表现出不显著的特征，我们将从方程中剔除该变量，并对调整后的模型进行重新估计。此外，针对2002—2020年工业"三废"（废水、废气、固体废弃物）这三类污染指标与人均GDP之间的关系，分别进行了详尽的估计分析，并据此得到了表5.5、表5.6和表5.7的实证结果。

表5.5 废水排放量与人均GDP的估计结果

| 变量 | 贸易开放因素 | 外商直接投资因素 |
|---|---|---|
| $\beta_1$ | 2.72（19.68） | 2.64（5.55） |
| $\beta_2$ | −0.16（−8.87） | −0.14（−2.33） |
| $\beta_3$ | 0 | 0 |
| $C$ | 0 | 0 |
| $\lambda$ | 6.96（3.54） | −5.78（−0.34） |
| AR | AR（1） | AR（1） |
| R−squared | 0.72 | 0.58 |
| DW | 2.22 | 2.28 |
| F−statistic | 10.72 | 4.58 |

表5.6 废气排放量与人均GDP的估计结果

| 变量 | 贸易开放因素 | 外商直接投资因素 |
|---|---|---|
| $\beta_1$ | 0.99（23.71） | −30.71（−1.05） |
| $\beta_2$ | 0 | −1.92（1.00） |
| $\beta_3$ | 0 | 0 |
| $C$ | 0 | 0 |
| $\lambda$ | 11.35（2.93） | −13.14（−0.68） |
| AR | AR（1） | AR（1） |
| R−squared | 0.91 | 0.91 |
| DW | 2.36 | 3.09 |
| F−statistic | 53.90 | 39.91 |

表 5.7　固体废弃物排放量与人均 GDP 的估计结果

| 变量 | 贸易开放因素 | 外商直接投资因素 |
| --- | --- | --- |
| $\beta_1$ | 498.37（1.91） | 1.68（4.43） |
| $\beta_2$ | −66.98（−1.97） | 0 |
| $\beta_3$ | 3.10（2.03） | −3.34 |
| $C$ | −1 123.97（−1.82） | 0 |
| $\lambda$ | −21.95（−4.17） | −44.34（−0.72） |
| AR | AR（0） | AR（2） |
| R-squared | 0.90 | 0.83 |
| DW | 1.90 | 1.85 |
| F-statistic | 34.95 | 23.74 |

### 5.2.5　研究结果分析

根据表 5.5、表 5.6、表 5.7 的估计结果，可以得到三类新的环境—收入曲线关系。

1. 废水排放量

$$\ln y = 2.72\ln x - 0.16\ln^2 x + 6.96\frac{\text{open}}{\text{GDP}} + \text{AR}(1) \quad \text{AR}(1) = 0.174\ 822$$

$$\ln y = 2.64\ln x - 0.14\ln^2 x - 5.78\frac{\text{fdi}}{\text{GDP}} + \text{AR}(1) \quad \text{AR}(1) = 0.719\ 393$$

此时，工业废水排放量与人均 GDP 之间呈现出一种倒 "U" 形曲线关系。经过深入计算，确定该曲线的转折点出现在人均 GDP 达到 2.3 万元的水平时。

2. 废气排放量

$$\ln y = 0.99\ln x + 11.35\frac{\text{open}}{\text{GDP}} + \text{AR}(1) \quad \text{AR}(1) = 0.638\ 580$$

$$\ln y = -30.71\ln x - 1.92\ln^2 x - 13.14\frac{\text{fdi}}{\text{GDP}} + \text{AR}(1) \quad \text{AR}(1) = 14.133\ 83$$

在引入贸易开放因素后，观察到废气排放量与人均 GDP 之间呈现出一种正向的线性关系。然而，当外商直接投资作为新的考量因素纳入分析时，废气排放量与人均 GDP 之间的关系则转变为倒 "U" 形曲线关系，且该曲线的转折点位于人均 GDP 为 1.8 万元的水平时。

3. 固体废弃物排放量

$$\ln y = 498.37 \ln x - 66.98 \ln^2 x + 3.10 \ln^3 x - 21.95 \frac{\text{open}}{\text{GDP}} - 1\,123.97$$

$$\ln y = 1.68 \ln x - 3.34 \ln^3 x - 44.34 \frac{\text{fdi}}{\text{GDP}} + AR(1) + AR(2)$$

$$AR(1) = 0.740\,852，AR(2) = -0.361\,756$$

基于上述分析，可以得出结论：在考虑贸易开放这一因素后，固体废弃物排放量与人均 GDP 之间显现出了典型的 "N" 形曲线关系。接下来，须将焦点置于一个核心议题上，即探讨在引入与污染排放相关的贸易开放因素后，新形成的环境—收入曲线的形态与未纳入控制变量时曲线的形态之间的区别。为便于直观地比较这种差异，表 5.8 中列举了两种估计结果的对比详情。

表 5.8　两类环境—收入曲线估计结果比较

| 污染物指标 | 曲线形状 | | |
|---|---|---|---|
| | 第一类估计结果 | 第二类估计结果 | |
| | | 贸易开放 | 转折点 |
| 废水排放量 | 线性正相关 | 倒 "U" 形 | 倒 "U" 形 |
| 废气排放量 | "N" 形 | 线性正相关 | 倒 "U" 形 |
| 固体废弃物排放量 | 倒 "U" 形 | 倒 "U" 形 | "N" 形 |

对表 5.8 进行详细对比分析，可以清晰地看到，在引入贸易开放因素之后，环境—收入曲线的形状呈现出显著的变化。对三类污染方程的估计结果进行梳理，揭示出一个核心规律：相较于未纳入贸易开放这一变量的简化环境—收入关系模型，将污染控制变量纳入考量范围的模型往往会改变环境—收入之间的非线性关系。这一发现引发了我们的深入思考，原先在第一类估计结果中呈现出的递增线性环境—收入关系，很可能是简化的环境—收入关系估计中人均 GDP 变动背后所隐藏的产业结构变革、贸易开放程度、技术进步以及政府环保策略等多重控制因素交织作用的结果。因此，在将这些控制变量的影响从原始模型中剥离出来后，环境—收入关系

呈现出了不同的形态和特征。

本章利用实证研究方法，深入剖析了贸易开放对发展中国家污染排放的影响，并证实了"污染避难所"假说的有效性。然而，为了更为全面地认识这一现象，需要将外资企业的作用纳入考量范畴。依据"污染避难所"假说的观点，贸易开放对发达国家与发展中国家环境质量的影响呈现出显著的差异性，这种差异主要源于二者在国际分工中比较优势的差异。国际贸易的深化使得发达国家倾向于将环境污染密集型产业转移到发展中国家，从而可能加剧后者的环境压力。

通过对比分析表 5.5、表 5.6、表 5.7 的估计结果，我们观察到贸易开放度（open）的估计系数在工业废水排放量和废气排放量两类污染指标模型中显著为正，而在固体废弃物排放量模型中则不显著。具体而言，open 系数的正值表明贸易开放度的提升，加剧了工业废水和废气的排放，这一结果与"污染避难所"假说的预测相契合。相比之下，外商直接投资（FDI）对污染排放的影响则较为有限。分析结果显示，FDI 的系数均为负值，但 t 检验并未显示其显著性。这表明虽然外商直接投资的增加有助于工业污染的减少，但其效果并不显著。

产生这一现象的原因主要有两方面。第一，经过多年的发展，广西百色的资本实力得到了显著提升，这使得在招商引资过程中，投资者更加注重项目的生态环境效应，特别是与环保相关的协议，这直接促进了外资企业对环保型新技术的研发和应用。第二，外资企业的技术溢出效应提升了发展中国家的要素生产率和技术水平，进而间接地通过促进技术进步和产业结构调整来影响污染排放。然而，这种影响在当前的数据分析中并未显著体现出来，可能需要进一步的研究和探讨。

# 6 百色试验区环境规制对环保产业发展的作用机制分析

　　关于环境规制与环保产业的研究成果，目前我们已经知道的大致包括以下几类：其一，研究环境规制对技术进步的影响。有学者通过研究证明，环境规制可以促使企业加大在研发方面的投资力度，还可以推动企业开展产品创新并优化生产工艺。李阳等（2015）的研究证明，恰当的环境规制措施能够在一定程度上增强环保产业在技术开发与成果转化方面的能力。也有学者指出，波特假说理论在实际应用中呈现出一定的时滞性。从时间维度出发，环境规制在当期可能并不会直接促使企业进行技术创新。然而，随着时间的推移，环境规制可能会对技术创新产生显著的正向推动作用。特别是在滞后一期的情况下，这种正向效应会达到最大化，可以促进环保行业或企业的技术创新。张成、刘传江等学者的研究表明，环保产业在不同强度的环境规制下所受的影响具有显著差异。具体而言，当环境规制的强度超过某一临界值时，其对环保产业的影响将发生显著变化。这种现象表明，环境规制与环保产业发展之间存在一种"门槛效应"：一旦环境规制的强度跨越这个门槛值，其对环保产业的推动作用就会发生质的改变。较多学者也提出，环境规制和环保产业发展之间存在"U"形关系，即环境规制对环保产业的作用首先是抑制作用，此外，其产生的促进作用具有一定的地域局限性，仅在部分地区显著体现。其二，着重探究我国经济增长在环境规制影响下的变化与趋势。李树和陈刚（2013）的研究表明，当环境规制保持在适度水平时，我国的经济增长能够得到有效促进，从而出现"双赢"的局面，即环境得到改善、生产效率得到提高。其三，研究技术进步与环境规制在经济发展中的共同作用。通过将这两者置于同一分析框架内，可以深入探讨它们对经济发展的影响及相互作用机制。这种方法有助于我们更全面地理解技术进步和环境规制是如何共同推动经济可持续发展的。

当前已有研究在探讨环境规制对经济发展的影响时，仍存在一些不足之处。首先，大部分研究主要将焦点局限于微观层面，如环保企业的经营成果和效益、经济增长的具体数值和统计数据，在宏观层面通常只以国内生产总值（GDP）为主要依据。然而，GDP作为一个总量概念，难以全面反映我国的经济发展质量。因此，在评估环境规制对经济发展的影响时，需要更综合地考虑各种因素，以更准确地衡量经济发展的质量。

关于国外环保政策与产业发展的研究，其重点探讨了排污费、产业要素及其驱动力的影响。Lacroix（1997）对加拿大排污费制度进行了深入的分析，包括其理论基础和实施方法。Lacroix的研究表明，通过设定较高的排污费，可以有效减少污染物的排放，凸显了经济激励在环境保护策略中的关键作用。这一发现不仅为其他国家提供了制定排污费政策的参考，也为理解经济手段在环保中的重要性提供了实证支持。然而，Cabe和Herriges（1992）的研究指出，尽管排污费政策在理论上具有优势，但在实际操作中，由于信息不足，税率的制定面临挑战。这表明在实施排污费政策时，需要充分考虑信息收集和政策设计的复杂性。进一步地，中村（1998）从产业发展的角度出发，提出了影响环保产业发展的核心要素，包括企业的环境研发能力、环境管理议题的重要性、企业战略中环境角色的重新定位以及与发展中国家在环境领域的合作。这些要素共同构成了推动环保产业发展的基础，并指出了企业在环保领域的机遇和应承担的责任。Diener和Terkl（2000）的研究则从外部驱动力的角度出发，分析了环保产业在不同发展阶段的主要推动因素。他们发现，在产业形成和发展的初期，环境法律法规、公众环保意识及企业的社会责任是主要的推动力。随着产业逐渐成熟，经济激励手段的作用变得更加显著，而环境法律法规的推动作用则相对减弱。这一发现强调了随着产业发展阶段的不同，政策制定者需要灵活调整策略，以适应不断变化的市场需求和产业发展需要。

在对环保产业的发展进行深入研究时，政府的角色、博弈论视角下的利益关系以及实证研究是不可忽视的三个维度。国内学者此前在相关领域的研究尚显不足，但已有的研究成果也为我们提供了重要的参考。潘理权和赵良庆（2005）指出，在市场机制尚未完善的背景下，政府不仅需要规范和维护环保市场的秩序，还要在宏观调控和市场建设方面发挥关键作用，以引导和推动环保产业的发展。进一步地，原毅军和耿殿贺（2010）通过博弈论的视角，深入分析了在环保产业发展过程中，政府、环保企业和排污企业之间的利益关系。他们从排污费的角度出发，探讨了在博弈均衡状态下，如何通过设置合理的排污费来实现环保企业利润最大化。然而，他们也指出我国在排污费征收力度上的不足，暗示了政策执行中存在的问题。牛婷（2010）、何音音等（2010）、连志东（2009）等学者通过实证分析，分别研究了环保投资对环保产业的影响、影响环保产业发展的各种因素以及环保产业对 GDP 的拉动作用，为我们提供了宝贵的实证依据和分析视角。

总体来看，现有的相关研究成果多为理论分析，实证研究稍显匮乏，已有的实证研究涉及的变量和数据大多不够丰富，难以全面揭示影响我国环保产业发展的因素。针对现有研究的不足，本书借鉴前人的研究框架，在深入分析影响我国环保产业发展的相关因素的基础上，采用百色市 12 个县（市、区）的面板数据进行实证检验，找出影响环保产业发展的重要因素，为大力发展环保产业奠定理论基础。

## 6.1　数据来源与处理

### 1. 影响因素分析

经过上述分析可知，政府的环境规制政策显然是影响环保产业发展的重要因素，而且从补贴、需求和创新三方面对环保产业产生影响。除此之外，我们进一步分析对环保产业发展产生影响的各类因素，以期获得全面而深入的理解。

一方面，环保质量对环保产业的发展具有决定性影响。当污染物排放量维持在环境自净能力之内，即环境的自然净化作用能够处理现有的污染物时，环境污染不会对生态造成破坏，亦不会损及社会福祉。在当前的市场情境下，环保产业可能因社会需求不足而面临市场需求萎缩，甚至退出市场的潜在风险。然而，环境恶化可能促使社会对环保产业需求的显著增加。长期而言，这将促使更多企业参与环保领域，并借助市场机制推动产业结构的优化和升级，以更有效地应对环境挑战。政府的支持和公众环境意识的提高将进一步促进环保产业的发展。

另一方面，人口素质的提升也对环保产业的发展具有积极的影响。随着经济的增长，公众的环境保护意识逐渐增强，对优质生活环境的需求日益迫切。这种对环境质量的追求不但反映了社会个体的期望，而且为环保产业创造了市场需求，提供了发展机遇。公众环保意识的提高，成为推动环保产业发展的重要微观因素。

2. 变量选择及模型设定

在对环保产业的影响因素进行了详尽的分析后，本书选取与环境规制政策相关的三个主要效应对应的关键变量进行定量评估：财政补贴、市场需求和技术创新。这些政策效应通过资金支持、市场准入、标准认证和研发合作等途径，对环保产业的发展产生了显著影响。为了衡量政府的补贴效应，本书以环境保护补助资金作为指标；排污费则用于反映排污企业对环保企业的需求效应；污染治理投资总额作为衡量政府需求效应的参照；环保科技管理中的科研业务经费则用于评估环境规制的创新效应。

在评估环境质量时，尽管有研究者选择以二氧化硫排放量作为衡量指标，此指标主要反映大气污染状况，却不足以全面捕捉废水和固体废弃物排放对环境产生的影响。因此，我们认为这种方法存在片面性。为了更全面地评估环境质量，本书从污染物产生的源头——能源的角度出发，创新性地选用能源消费强度作为衡量环境质量的关键指标。

此外，教育水平作为反映人口素质的重要因素之一，在本书中也得到了充分考虑。为了量化这一因素，本书选择教育事业费用支出作为衡量教育水平进而反映人口素质的重要指标。通过这些精心选择的变量和指标，我们期望能够更全面、准确地分析和评估环保产业的影响因素及其作用机制。

## 6.2 环保产业的区域竞争力分析

相关研究表明，各地区环保产业的发展水平与当地经济发展水平存在显著的相关性。鉴于此，单一依赖环保产业总产值作为衡量区域发展水平的指标显得不够全面。为了更精确地评估不同区域间的竞争力差异，本节采纳了孙林霞和陈雪梅（2010）的研究方法，并引入了国际贸易领域中的显示性比较优势（revealed comparative advantage，RCA）指数。RCA 指数作为一个评价国家或地区产品或产业在国际市场中的竞争力的定量工具，能够有效揭示产业出口表现出的相对优势。通过应用 RCA 指数，本书旨在识别在出口市场中表现突出的环保产业，并据此对各个区域的国际贸易比较优势进行评估。

在上述基础上，本书引入了产业相对竞争力的概念。相对竞争力是指一个国家或地区的产业在与其他国家或地区进行比较时，所展现出的优势。重要的是要强调，这种相对竞争力并不仅基于总量上的优势，还是在考虑了产业内部结构的整体平衡后所呈现出的比较优势。在评估产业竞争力时，需要综合考虑诸多因素，包括但不限于生产技术、市场需求、人力资源、政府政策等，以全面把握一个国家或地区的产业竞争力。因此，相对竞争力的概念不仅展现了一个国家或地区在某一产业领域的优势，更重要的是体现了其在多方面条件下的综合竞争优势。

基于这一思想，我们构建了环保产业的相对竞争力模型，旨在更准确地评估各地区环保产业的竞争水平。该模型提出了环保产业的相对竞争力指数——EPIRCA（environmental production industry revealed comparative advantage）指数，揭示了地区环保产业产值在地区总产值中的比例，以及全地区环保产业产值在全地区总产值中的比例，从而评估每个地区环保产业的竞争优势。该指数的提出不仅丰富了环保产业竞争力的评价手段，也为区域间环保产业发展水平的比较提供了一种新的视角。

EPIRCA 指数计算方式为：地区环保产业产值占地区总产值的比例与全地区环保产业产值占全地区总产值的比例之比。通过比较这一指数，能够更有效地衡量各地区环保产业的相对发展状况。

$$\text{EPIRCA}_i = \frac{\text{EPI}_{it}}{\text{GDP}_{it}} \Big/ \frac{\text{EPI}_t}{\text{GDP}_t}$$

其中，$\text{EPI}_{it}$ 表示 $i$ 省在第 $t$ 年的环保产业产值，$\text{GDP}_{it}$ 表示 $i$ 省在第 $t$ 年的地区生产总值；$\text{EPI}_t$ 表示全国第 $t$ 年的环保产业产值，$\text{GDP}_t$ 表示全国第 $t$ 年的国内生产总值。

当 EPIRCA 指数超过 1 时，意味着地区 $i$ 的环保产业相对于其他地区或产业具有显著的竞争优势。指数增加表明地区环保产业在国际市场中的相对竞争地位更加强劲。当 EPIRCA 指数等于 1 时，表明地区 $i$ 的环保产业发展水平与全国平均水准相符。然而，当 EPIRCA 指数低于 1 时，表明地区 $i$ 的环保产业相对于全国其他地区，其竞争地位处于不利位置；较低的数值反映出该地区环保产业的发展尚未达到充分成熟的水平。基于这一模型，我们运用 2016—2022 年百色市各县（市、区）的相关数据进行计算，得出各地区的环保产业相对竞争力指数，具体数据见表 6.1。

表 6.1 2016—2022 年百色市各县（市、区）的环保产业相对竞争力指数

| 排名 | 县（市、区） | 2016 年 | 2017 年 | 2018 年 | 2019 年 | 2020 年 | 2021 年 | 2022 年 | 均值 |
|---|---|---|---|---|---|---|---|---|---|
| 1 | 右江区 | 7.419 | 2.452 | 6.350 | 3.697 | 7.677 | 4.722 | 6.180 | 5.499 |
| 2 | 田阳县 | 0.170 | 2.294 | 3.868 | 3.095 | 1.794 | 1.996 | 0.827 | 2.007 |
| 3 | 田东县 | 1.759 | 0.709 | 1.684 | 1.327 | 2.783 | 2.548 | 2.219 | 1.861 |
| 4 | 平果县 | 1.472 | 1.486 | 2.285 | 2.259 | 1.517 | 1.359 | 2.619 | 1.857 |
| 5 | 德保县 | 1.130 | 0.738 | 1.101 | 1.091 | 1.542 | 1.422 | 4.011 | 1.577 |
| 6 | 靖西市 | 0.986 | 1.476 | 1.153 | 2.093 | 1.241 | 2.191 | 1.457 | 1.514 |
| 7 | 那坡县 | 2.346 | 5.051 | 0.481 | 0.579 | 0.359 | 0.367 | 0.524 | 1.387 |
| 8 | 凌云县 | 0.683 | 5.904 | 0.755 | 0.233 | 0.315 | 0.553 | 0.275 | 1.245 |
| 9 | 乐业县 | 1.318 | 0.963 | 1.179 | 0.573 | 1.116 | 0.798 | 1.656 | 1.086 |
| 10 | 西林县 | 0.953 | 0.370 | 2.317 | 0.734 | 0.933 | 1.384 | 0.498 | 1.027 |
| 11 | 田林县 | 0.353 | 0.620 | 0.904 | 1.230 | 1.363 | 1.561 | 1.091 | 1.017 |
| 12 | 隆林县 | 1.320 | 0.866 | 1.315 | 0.471 | 0.889 | 1.008 | 1.039 | 0.987 |

## 6.3 环境规制对环保产业的影响机制分析

### 6.3.1 环境规制的必要性

与其他产业相比，环保产业具有独特性，其核心价值在于所提供的产品不仅能够带来经济利益，还能在使用过程中有效提高环境质量，从而增进公众福祉。这体现了环保产业所具备的显著正外部性特征。正是由于这种正外部性，环保产业在生产过程中产生的社会边际成本通常低于其私人边际成本。图 6.1 展示了这一现象，其中，私人成本（private cost）曲线和私人收益（private benefit）曲线在产量 $Q$ 处相交，表示在没有外部干预的情况下，环保企业会选择在私人成本等于私人收益的点进行生产。

然而，从社会整体利益的角度来看，最优产量应位于社会成本（social cost）与社会收益（social benefit）相交的点，即产量 $Q^*$。社会成本曲线反映了包括正外部性在内的总成本，它低于私人成本曲线，因为正外部性减少了社会为生产环保产品所需承担的真实成本。社会收益曲线则代表了包括正外部性带来的额外社会福利在内的总收益。

市场机制无法自发考虑外部性，导致市场均衡产量 $Q$ 低于社会最优产量 $Q^*$，从而产生市场失灵现象。为了纠正这一市场失灵，政府需要通过补贴等政策手段来降低环保产业的私人成本，使其接近社会成本水平。这样，环保企业的生产决策将更接近社会最优产量 $Q^*$，从而实现资源的有效配置，并最大化社会福利。

图 6.1 中的均衡点展示了当私人成本与私人收益相等时的市场均衡状态，而最优点则展示了当社会成本与社会收益相等时的社会最优状态。政府干预的目标是使均衡点向最优点靠拢，通过调整私人成本曲线，使其与社会成本曲线在产量 $Q^*$ 处相交，从而实现社会最优产量的生产。

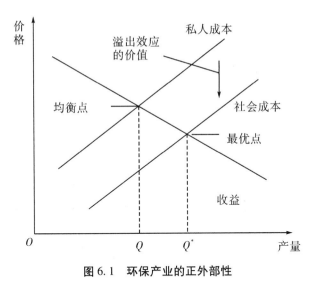

图 6.1　环保产业的正外部性

## 6.3.2　环境规制在环保产业中的传导途径

环保产业由于其内在特性，在政府环境规制政策的影响下，其响应机制与其他产业存在显著差异。相较于传统产业直接且迅速地响应有关政策，在环保产业中，政策影响需经过更复杂的传导过程。具体而言，政府对环保产业实施的环境规制政策主要从三个层面发挥作用。

首先是补贴效应，政府通过提供财政补贴等方式支持环保产业的发展；其次是需求效应，环境规制政策能够刺激市场对环保产品和服务的需求；最后是创新效应，环境规制政策可以推动环保产业在技术创新方面取得突破。这些效应的具体作用途径如图6.2所示。

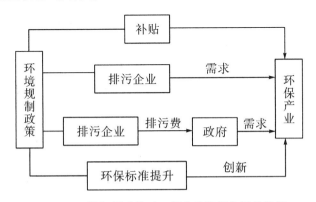

图 6.2　环境规制政策对环保产业发挥作用的路径

（1）补贴效应：由于环保产业的社会边际成本小于私人边际成本，政府需要对环保产业实行鼓励发展的政策，对环保产业进行补贴，在形式上表现为一种直接的政策支持。

（2）需求效应：环保产业的发展动力源于全社会对环保服务的广泛需求，这种需求主要通过两种方式产生。首先，环境规制政策起到了关键作用。例如，在实施排污费制度时，如果企业认为排污费用过高，他们会选择委托环保企业进行污染治理，因为污染治理的成本低于排污费。这一选择形成了企业对环保服务的市场需求，展现了环境规制政策的间接引导作用。此外，企业在规避高额排污费的过程中，积极寻求污染解决方案，进一步推动了环保产业的发展。其次，若企业选择支付较低的排污费而不进行污染治理，虽然政府通过收取排污费获得了一定收入，但环境治理目标并未实现。在这种情况下，为了实现环境保护的最终目标，政府可能会直接委托环保企业进行环境治理工作，这就产生了政府对环保服务的需求。这种需求体现了政府在环境保护中的主导作用，也展现了环境规制政策的直接影响。

因此，无论是来自排污企业为规避高额排污费而产生的市场需求，还是来自政府为实现环境治理目标而产生的直接需求，都是在环境规制政策的引导下形成的。环境规制政策通过这两种途径，不仅间接地促进了环保产业的发展，也直接推动了环保企业的发展壮大，展现了其在需求层面的重要作用。通过这种复杂的需求传导机制，环境规制政策在推动环保产业发展的过程中发挥了关键作用，确保环保产业能够持续满足社会和环境的需要。

（3）创新效应：波特的理论指出，适当的环境规制可以作为激励机制，推动企业进行创新，从而获得先动优势。随着公众对优质生活环境的需求不断增加，环保标准也随之提升。在此背景下，排污企业和政府对环保企业提出了更高的要求，这种趋势激发了环保企业积极投身于高技术环保手段的研发与创新。

具体而言，环境规制政策通过补贴效应、需求效应和创新效应对环保产业产生影响。如图6.2所示，政府通过实施环境规制政策，提供补贴，降低排污企业的成本，增强其环保动力。排污企业在面对高额排污费时，选择委托环保企业进行污染治理，从而形成市场需求。此外，随着环保标准的提升，企业需要采用更加先进的环保技术以满足新标准，这进一步推动了环保企业在技术研发方面的投入和创新。

因此，环保产业的创新效应是市场需求和政策推动下的产物。排污企业为降低排污成本，积极寻求创新的环保解决方案；政府通过政策激励和技术支持，推动环保企业的创新和发展。这种多层次的需求推动环保企业不断提升技术水平和创新能力，从而在环保产业的竞争中获得先动优势。综上所述，环境规制政策在推动环保产业创新方面起到了关键作用，使得环保企业能够应对不断变化的市场环境和日益严格的环保标准。

### 6.3.3　环保产业影响因素的实证分析

本书通过对数线性模型进行实证分析。其中，RAC 代表环保产业的相对竞争力指数（EPIRAC），用以评估不同地区环保产业的相对发展水平；EPA 代表环境规制政策的补贴效应，其具体衡量标准为环境保护补助资金在地区生产总值中的比重，反映了政府对环保产业的财政支持力度；PC 代表在环境规制政策的作用下，排污产业对环保产业的需求效应，通过排污费在地区生产总值中的占比来衡量，以揭示排污成本对环保产业需求的影响；PTI 代表政府对环保产业的直接需求，以环境污染治理投资总额在地区生产总值中的比例来衡量，反映了政府在环境治理方面的投入力度；SRF 代表环境规制的创新效应，以环境保护工作中科研业务经费在地区生产总值中的比例来表征，反映了环保科技创新的投入水平；EC 代表环境质量，其衡量标准是各地区的能源消费总量与地区生产总值的比值，单位为万吨标准煤/亿元，以评估能源消费对环境质量的影响；EDU 代表人口素质变量，通过教育事业费用支出与地区生产总值的比值来反映，以揭示教育投入与人口素质提升之间的关系。本书所采用的数据为 2002—2008 年的中国统计年鉴、中国环境年鉴、中国能源统计年鉴以及中国教育经费统计年鉴，以确保数据的权威性和准确性。研究采用了 Eviews 软件进行回归分析，具体结果见表 6.2。

表 6.2 模型回归结果

| 变量 | 固定效应 | 随机效应 |
|---|---|---|
| $C$ | 4. 879 691 *** （4. 743 546） | 4. 838 524 *** （4. 815 201） |
| lnEPA | 0. 059 693 *** （2. 913 023） | 0. 056 430 *** （2. 884 453） |
| lnPC | 1. 067 926 *** （5. 487 926） | 1. 104 683 *** （5. 290 864） |
| lnPTI | 0. 277 153 * （1. 899 449） | 0. 268 095 * （1. 899 449） |
| lnSRF （-1） | 0. 209 74 ** （1. 996 619） | 0. 203 32 * （1. 786 593） |
| lnEC | 0. 891 01 *** （-2. 913 19） | 0. 903 882 *** （-2. 913 19） |
| lnEDU | 0. 284 92 （-0. 891 92） | 0. 319 07 （-0. 882 29） |
| Adj $R^2$ | 0. 726 768 | 0. 138 840 2 |
| DW 值 | 2. 125 858 | 1. 543 965 |
| Hausman 检验 $P$ 值 | 0 | |
| 样本个数 | 210 | 210 |

注：表中所列的括号内数字代表 $t$ 统计量的值，***、**、* 分别表示统计显著性水平为 1%、5% 及 10%。

根据表 6.2 所展示的拟合结果，我们可以得出以下结论：Hausman 检验的 $P$ 值为 0，表明拒绝了随机效应模型，转而采用固定效应模型进行数据的拟合分析。这一选择确保了模型能更准确地反映各变量对环保产业相对竞争力的影响。

整体而言，固定效应模型的拟合效果较好，调整后的 $R^2$ 值为 0. 726 768，说明模型解释了大部分数据的变异性。从 $t$ 值来看，除教育经费（lnEDU）这一变量外，其他变量均表现出显著性，说明这些变量对环保产业相对竞争力的影响是显著的。

具体来说，环境保护补助资金（lnEPA）的系数为 0. 059 693，且在 1% 的水平上显著，表明环境规制政策在推动环保产业发展方面发挥了重要作用。环境保护补助资金每增加一个百分点，环保产业的相对竞争力指数就会相应提升约 0. 06 个百分点。这一结果清晰地揭示了环境规制政策对环保产业的补贴效应显著。排污费（lnPC）的回归系数为 1. 067 926，并在 1% 的水平上显著，表明排污费每增加一个百分点，环保产业的相对竞争力指数会增加约 1. 07 个百分点。这一数据有力地证明了环境规制政策在增加环保需求方面的显著效应。环境污染治理投资总额（lnPTI）每增加一个百分点，环保产业的相对竞争力指数会增加约 0.28 个百分点，其系数在10%的水平上显著。这进一步证明了环境规制政策对环保产业发展的推动作用。科研业务经费（lnSRF）滞后一期的系数为 0.209 74，在5%的水平上显著，表明前一期的科研投入对当期环保产业的发展有积极影响。这一发现揭示了环境规制政策的创新效应具有一定的滞后性。能源消费总量（lnEC）的系数为 0.891 01，并在1%的水平上显著，表明能源消费总量越高，人们对环保产业的需求越强烈，从而对环保产业的相对竞争力产生正面的推动作用。然而，教育经费（lnEDU）的回归结果不显著，说明在短期内，教育投入对环保产业的发展没有显著影响。这表明教育的影响可能需要更长的时间才能显现出来。

### 6.3.4　结果分析

研究结果显示，百色试验区的环保产业虽然发展尚未充分，但其增长速度却相当可观。2001—2006 年，该区域环保产业的年增长率超过了20%，呈现强劲的发展态势。然而，各地区的环保产业发展状况存在显著差异，整体发展不够均衡。就总体规模而言，东部地区在环保产业发展方面具有明显优势，而中部和西部地区之间的差距相对较小。进一步分析发现，地区的整体经济发达程度与环保产业的发展关系密切。中部地区的相对竞争力指数为 1.496，显示出该地区在环保产业发展方面具有全国范围内的优势。相比之下，东部地区的该指数接近 1，表明其环保产业发展水平处于全国平均水平。而西部地区的相对竞争力指数为 0.576，显示出其环保产业发展水平与全国平均水平存在较大差距，仍有待进一步提升和发展。

在此基础上，本书进一步实证分析了环保产业发展存在差异的原因。结果表明，环境规制政策是影响环保产业发展的一个重要因素，具体影响途径主要体现在环境保护补助资金、排污费、环境污染治理投资总额以及科研业务经费这四个维度。当这四个维度的投入或支出增加时，均会对环保产业的相对竞争力产生积极的推动作用。此外，环境质量尤其是以能源消费为代表的环境质量指标，也会对环保产业的发展产生显著影响。当环境质量恶化时，往往会刺激环保产业加速发展，以应对环境问题。然而，在短期内，教育投入对环保产业发展的直接影响并不显著。

在国家提出发展战略性新兴产业的背景下，环保产业作为其中之一，具有重要的战略地位，应该加快发展环保产业，增加环保产业的比重，从而促进产业结构的调整和升级。研究结论指出，为加速百色试验区环保产业的发展，关键在于政府相关政策的制定与实施。具体而言，政府可以采取以下措施：加大对环保产业的财政补贴力度，强化对排污企业的监管力度，提高环境标准，并在排污企业能够承受的范围内适当提高排污费水平。同时，政府应加大对环境治理的投入，在保护环境的同时也给环保产业带来充足的市场需求。要坚决推动环保产业的科技创新，确保为环保产业的技术突破提供充足的人才储备和经费支持。同时，应充分发挥政府的核心引领作用，积极构建环保产业创新平台。

在推动百色试验区环保产业快速发展的过程中，除关注产业本身的增长外，还必须重视区域间的协调发展。根据相关研究的结论，西部地区作为协调发展的关键环节，应当成为政策制定和资源配置的重点区域。通过加大投资力度、优化环境政策、强化基础设施建设等措施，可以有效促进西部地区环保产业的发展，从而缩小与发达地区之间的差距。此外，西部地区在自然资源、生态环境等方面具有独特优势，这些优势可以转化为环保产业的发展动力。因此，加大对西部地区环保产业的支持，不仅有助于实现区域间的均衡发展，还能充分发挥其资源和环境优势，推动环保产业的可持续发展。

同时，区域协调发展还涉及产业布局、技术创新、人才培养等多个方面。通过跨区域合作、资源共享、技术交流等手段，可以促进不同地区之间实现优势互补，形成协同发展的良性循环。这不仅有利于提高整个试验区的环保产业竞争力，也有助于实现社会经济的全面进步和可持续发展目标。环境规制作为社会性规制的重要内容，通过政府制定相关的环境标准或措施，来规范各类污染公共环境的行为，从而达到保护环境，兼顾环境质量提升和经济增长的目的。技术进步是指技术不断得到发展和完善，新技术替代旧技术的过程。通过已有的研究不难发现，环境规制对技术进步的影响具有双重性：一方面可以通过激励创新、优化资源配置等方式对技术进步产生补偿效应；另一方面也可能增加企业的运营成本，限制某些生产活动，产生所谓的挤占效应，这可能会抑制企业在其他领域的技术创新。这两种效应的相互作用导致环境规制对技术进步的总体影响变得复杂且难以预测。因此，在制定环境规制政策时，需要充分考虑其对技术进步的潜在影响，以实现环境保护与经济发展的双赢目标。

环境规制在推动技术进步方面展现出显著的补偿效应，其作用机制可具体阐述如下：为符合环境规制标准，企业倾向于从两个维度进行创新。首先，企业会努力提升自身生产效率，增加产品附加值，并降低生产成本。这种策略不仅有助于提升产品的市场竞争力，还旨在提高企业的利润水平。这些新增的利润可用于补偿因遵循环境规制而产生的额外成本，甚至在某些情况下，还能实现净增长。其次，为满足环境规制的减排要求，企业将加大对相关技术研发的投资力度，特别是在产品创新和生产工艺创新方面。通过改进生产工艺和生产流程，企业不仅能够减少污染物排放，还能进一步提升生产效率和产品质量。绿色发展是实现国家、社会与企业可持续发展的关键。面对环境规制的挑战，前瞻性企业通过采纳新技术、引入先进工艺等策略来适应这一趋势。这些措施不仅使企业能够达到日益严格的环境标准，还能增强其市场竞争力，提升生产效率与盈利能力。通过这样的创新与改进，企业能够在履行环保责任的同时，实现经济效益与环境效益的双赢，推动企业向长期可持续发展的目标迈进。

环境规制对技术进步的抑制作用，即挤占效应，主要通过以下两个路径产生：首先，从短期视角来看，企业为达到治污减排标准所需增加的费用，会占用其在发展过程中产生的部分利润——环境规制的强化可能迫使企业重新分配其资源。原本计划用于研发和创新的资金，可能需要转向用于污染治理。在生产技术、资源配置和市场需求相对稳定的情况下，增加的污染治理成本将提高企业运营成本。这种成本上升有可能减少企业在技术创新上的可支配资金，进而对技术进步产生抑制作用。因此，企业在追求环保合规的同时，需要平衡污染治理成本与技术创新投入，以维持长期的竞争力和可持续发展。

其次，为达到环境规制的严格标准，企业必须采取预防性措施，包括改进生产工艺和提升生产设备，以确保排放物中的污染物含量降低至规定标准。这些调整虽然对于环境保护至关重要，但它们也可能导致企业管理和生产流程变得更加烦琐，增加生产的复杂性，从而推高企业成本，减少利润。利润的减少将直接影响企业在研发和创新上的投入能力，因为这些活动需要持续的人力、资本和资源的投入。

根据内生增长理论，知识的创造和创新依赖于劳动力、资本和其他生产要素的有效投入。因此，当企业利润下降，导致对创新活动的投入减少时，知识产出的减少几乎是不可避免的。人力资本的知识储备及学习和创新能力是推动企业技术进步和创新的关键。因此，对创新活动的人力和资本投入进行削减，可能会在一定程度上阻碍企业的技术进步和创新。同时，减少对研发和人力资本的投入，不仅会抑制企业的技术进步，还可能对整体经济的增长产生负面影响。技术创新是推动经济增长的重要驱动力，而企业作为技术创新的主要来源，其创新能力的提升对于国家的长期经济繁荣至关重要。

因此，企业在追求环保合规的同时，需要在维持竞争力和推动技术创新之间找到平衡点。政策制定者也应考虑如何通过政策设计，减轻环境规制对企业创新能力可能产生的负面影响，以促进企业的长期可持续发展和国家经济的整体增长。

# 7 百色试验区环境规制对经济增长的中介效应研究

伴随经济全球化的发展，技术创新的政治和经济地位逐渐得到各国的重视。区域经济增长作为国家技术创新的重要组成部分，其能力的提升离不开支撑平台。同时，环境规制的技术溢出效应也需要东道国较好的商业环境作为基础。因此，一个完善发达的要素市场，其资源配置效率、技术溢出的吸收能力等会对技术创新资本的注入和有效利用产生积极影响，进而促进区域经济增长，对实现区域经济又好又快发展发挥着重要作用。

区域经济增长是指在特定地理区域内，生产、投资和就业等经济活动的总量持续增加，并且该地区的经济水平逐渐提高。这种增长可以通过多种方式实现，包括提高生产率、增加投资、促进创新、提供良好的基础设施和公共服务等。区域经济增长不仅是经济总量的增加，还包括提升居民生活水平、提高人民福祉、减少贫困等。

关于环境规制的技术溢出效应，它通常指的是在实施环境保护方面的规制政策时，可能会产生一些意外或附加的积极效应。这些效应可能在某些情况下超出最初预期的范围，并且可能对其他相关领域产生影响。例如，实施一项环境规制政策可能鼓励企业进行技术创新，以达到更严格的环保标准，从而推动技术的进步和应用。这种技术进步不仅有助于环境保护，还可能在经济和社会层面带来额外的好处。

技术溢出效应的复杂性在于其影响可能涉及多个层面，包括经济、社会和环境等，并且往往存在一定程度的不确定性。因此，评估和管理这些效应需要综合考虑各种因素，并确保环境规制政策的制定与实施能够最大程度地发挥其积极作用，同时避免或减少潜在的负面影响。

有关环境规制与经济增长之间的关系的研究，最初源于学者们对环境问题和经济发展之间紧张关系的辩论。李树和陈刚（2013）通过研究证明，适度的环境规制对于改善环境和提高生产率具有一定的显著作用。环境规制与经济增长二者之间不是简简单单的线性关系，有学者经过实证分析提出，环境规制与经济增长之间存在"U"形关系，这一观点为"遵循成本说"和"创新补偿说"提供了有力的解释。具体而言，从短期来看，环境规制可能会增加企业的成本，对经济增长产生一定的负面影响，这符合"遵循成本说"的观点；但从长期来看，环境规制能够激发企业的创新活力，推动技术进步和产业升级，从而实现经济增长与环境保护的双赢，这体现了"创新补偿说"的核心思想。此外，也有学者认为增强环境规制会对经济增长造成阻碍。此类研究注重环境规制对我国经济增长的影响，但是，环境规制是否对经济增长产生影响，是促进经济增长还是阻碍经济增长，则存在一定的路径依赖，而波特假说理论则提出技术创新在其中扮演关键的中介角色。传统经济学往往从静态视角出发，假定技术、产品和消费者需求保持不变。在这种框架下，环境规制通常被视为增加企业成本的因素，甚至可能挤占原本用于创新活动的资本投入，导致企业在技术研发方面的投资减少，进而阻碍了生产率的提升。然而，波特假说理论为我们提供了一个不同的研究视角。该理论认为，企业在面对环境规制时，并非总是处于静态决策状态。相反，它们可能会选择加速研发新技术，以替代高污染的生产方式，从而抵消因实施环境规制政策而增加的成本。因此，适度且合理的环境规制并不会给企业带来额外的负担，反而可能激发"创新补偿效应"，弥补"遵循成本"，最终改变生产方式，提高生产率，并推动经济增长。与此同时，美国经济学家熊彼特在《经济发展理论》一书中强调了技术创新在经济增长中的核心作用。他从动态角度出发，认为经济发展离不开产品技术的持续改革和创新。在熊彼特看来，技术创新是推动经济增长的决定性因素之一。

上述内容表明，波特假说与新古典经济学在环境规制和经济增长关系上的观点并不矛盾。两者都认同技术创新和生产率提高是促进经济增长的关键因素。不过，波特假说进一步强调了环境规制在推动企业改进生产技术、实现产出增加方面的积极作用。换句话说，环境规制与经济增长之间通过技术创新这一中介而产生联系。如前所述，环境规制可以通过"创新补偿效应"激发企业的技术创新活力，而技术创新则是推动经济增长的重要动力。因此，可以认为技术进步在环境规制与经济增长之间起到了中介作用。

## 7.1 研究假设

### 7.1.1 理论关系辨析

技术创新、环境规制和区域经济增长之间存在复杂而重要的关系。它们的相互作用可能会对一个地区的经济、社会和环境状况产生深远的影响。

技术创新与区域经济增长：技术创新是推动经济增长的主要动力之一。当一个地区鼓励和支持技术创新时，可能会带来较好的经济效益。新技术的引入可以提高生产效率，降低成本，增加企业竞争力，从而促进区域内企业的发展和壮大。这可能带来更多的就业机会，从而促进经济增长，提高居民的生活水平。

环境规制与区域经济增长：环境规制是为了保护环境、减少污染和促进可持续发展而实施的政策和法规。虽然一些环境规制可能会增加企业的成本，但它们也有助于提高企业的环保意识，并激励企业进行技术创新，以满足更严格的环保要求。从长期来看，环境规制有助于保护生态系统，维护资源可持续利用，提高环境质量，从而为区域的可持续发展和经济增长提供有利条件。

技术创新、环境规制与可持续发展：技术创新和环境规制在可持续发展中扮演着至关重要的角色。可持续发展追求经济、社会和环境的平衡，既要满足当前的需求，又不能不损害后代的需求。技术创新可以为可持续发展提供解决方案，如可再生能源技术、清洁生产技术等。同时，环境规制可以引导技术创新朝着环保方向发展，确保技术的应用不会对环境造成严重影响，从而实现可持续发展目标。

总的来说，技术创新和环境规制是相辅相成的，它们可以共同推动区域经济增长，并为可持续发展提供支持。政府、企业和社会各方应当在制定政策和战略时，综合考虑这三者之间的关系，才能实现经济繁荣和环境保护的双赢。

### 7.1.2 研究假设

在理论探讨层面，本书指出技术创新、环境规制与区域经济增长三者间存在相互作用的动态关系。具体而言，技术创新在一定程度上能够借助环境规制的技术溢出效应，进而对区域经济增长产生深远影响；环境规制通过政策工具影响区域经济增长；技术进步与环境规制的技术溢出效应则共同促进区域经济增长，相反，区域经济增长在一定程度上也影响着技术创新和环境规制的发展。因此，本书尝试对三者的互动关系进行更深一步的剖析，并提出假设：环境规制在技术创新促进区域经济增长过程中发挥中介作用。

## 7.2 实证分析

### 7.2.1 变量选取

在技术创新、环境规制与区域经济增长的关系研究中，主要涉及三个变量：①技术创新指数。Goldsmith（1696）提出技术创新相关比率，认为一个国家（地区）的技术创新水平应该用某一时间点上的技术创新资产总量与 GDP 之比来衡量。考虑到中国发展的特殊性，技术创新改革的实施使得货币化之比无法真实地反映技术创新水平，因此较为普遍的做法是选用技术创新相关比率（FIR）来近似地代替技术创新的规模。在实证研究中，通常用 R&D 近似地表示技术创新资产，即 FIR =（R&D）/GDP。②环境规制（环境规制政策工具）。③区域经济增长。

### 7.2.2 数据来源与处理

本书采用的时间序列数据主要来源于历年的广西统计年鉴和《新中国六十年统计资料汇编》，以及相关的国民经济统计公报。本书采用 Eviews8.0 和 SPSS19.0 统计软件对数据进行处理、分析。

首先，本书为了避免伪回归的问题产生，在对时间序列进行分析时，要对相关变量进行单位根检验；其次，利用 SPSS19.0 软件对技术创新、环境规制与区域经济增长三者的关系进行相关分析；最后，对环境规制在技术创新与区域经济增长之间的中介作用进行回归分析。

1. 相关变量的单位根检验

为了深入探究技术创新水平、环境规制技术溢出效应与区域经济增长之间的长期均衡关系，本书对数据进行了对数处理。处理后的数据分别用LNFIR、LN 环境规制和 LNPAT 来表示，并使用 Eviews8.0 软件进行了计量分析。为了确保数据的平稳性，本书还采用 ADF 检验法对各变量进行了单位根检验。从表 7.1 的结果可以看出，这三个变量在经过一阶差分后均呈现出平稳性，即它们均为一阶单整序列。

表 7.1　各变量的 ADF 检验结果

| 变量 | 检验形式（$C$, $T$） | ADF 检验值 | 临界值 | 结论 |
|---|---|---|---|---|
| LNFIR | （$C$, $T$） | $-2.976\ 263$ | $-3.580\ 623$（5%） | 非平稳 |
| DLNFIR | （$C$, 0） | $-5.483\ 638$ | $-3.752\ 946$（1%） | 平稳 |
| LN 环境规制 | （$C$, $T$） | $-3.822\ 353$ | $-3.603\ 202$（5%） | 平稳 |
| DLN 环境规制 | （$C$, 0） | $-3.563\ 011$ | $-2.976\ 263$（5%） | 平稳 |
| LNPAT | （$C$, $T$） | $-2.484\ 010$ | $-3.587\ 527$（5%） | 非平稳 |
| DLNPAT | （$C$, 0） | $-3.231\ 377$ | $-2.976\ 263$（5%） | 平稳 |

注：D 代表变量的一阶差分，而检验形式（$C$, $T$）中的 $C$ 和 $T$ 则分别指代模型中的常数项与时间趋势项。

2. 共同方法变异、信度与效度检验

为了避免因同一被测者完成多份问卷调查而产生共同方法变异（common method variance），导致研究结果出现偏差，本书运用哈曼（Harman）单因子检验对所有的变量进行探索性因子分析，未旋转的因子分析得到 2 个特征根大于 1 的因子，解释力最大的主成分因子的总方差为35.943%。因此，没有一个解释力特别大的因子，上述研究不存在共同方法变异。

表 7.2 为主要变量的信度和效度分析结果。Cronbach's α 系数最小为0.918，各变量内部均表现出良好的一致性。通过题项—总体相关系数（corrected item-total correlation，CITC）测量题项的净化程度，不存在使Cronbach's α 系数明显增大的题项（本书省略此部分具体分析结果）。因此，本书的量表具有较高的信度。各变量的 KMO 值均大于 0.75，且

Barlett's 球体检验达到显著水平（$P = 0.000 < 0.001$），可解释方差变异最小为 80.360%。因此，本书的研究效度较高，样本数据适合进行因子分析。

表 7.2　信度与效度检验结果

| 变量名称 | 信度检验 | 效度检验 | |
|---|---|---|---|
| | Cronbach's α 系数 | KMO 值（Barlett's 球体检验显著性） | 可解释方差变异 |
| 技术创新 | 0.929 | 0.754（$P = 0.000$） | 88.157% |
| 环境规制 | 0.918 | 0.753（$P = 0.000$） | 86.097% |
| 经济增长 | 0.950 | 0.872（$P = 0.000$） | 80.360% |

3. 相关分析

研究变量的相关性分析结果见表 7.3。

表 7.3　研究变量的相关性分析结果

| 变量 | | LNFIR | LN 环境规制 | LNPAT |
|---|---|---|---|---|
| LNFIR | Pearson 相关性 | 1 | 0.928** | 0.909** |
| | 显著性（双侧） | — | 0.000 | 0.000 |
| LN 环境规制 | Pearson 相关性 | 0.928** | 1 | 0.900** |
| | 显著性（双侧） | 0.000 | — | 0.000 |
| LNPAT | Pearson 相关性 | 0.909** | 0.900** | 1 |
| | 显著性（双侧） | 0.000 | 0.000 | — |

注：** 是指在 0.01 水平（双侧）上显著相关。

表 7.3 的结果表明，技术创新指数（FIR）与环境规制（环境规制）显著正相关（$r = 0.928$，$p < 0.01$）；技术创新指数（FIR）与专利授权数（PAT）显著正相关（$r = 0.909$，$p < 0.01$）；环境规制（环境规制）与专利授权数（PAT）显著正相关（$r = 0.900$，$p < 0.01$）。

### 7.2.3　环境规制在技术创新与区域经济增长之间的中介效应

在探究自变量 $X$ 对因变量 $Y$ 的影响时，若存在某个变量 $M$，使得 $X$ 通过影响 $M$ 进而对 $Y$ 产生影响，则将 $M$ 称为中介变量。根据温忠麟、张雷、侯杰泰和刘红云（2004）提出的中介变量及中介作用检验程序，本书对技术创新指数（LNFIR）、环境规制（LN 环境规制）和专利授权数（LNPAT）这三个变量进行了三个步骤的回归分析，结果如表 7.4 所示。从表 7.4 可以看出，技术创新水平指标技术创新指数（LNFIR）与环境规制（LN 环境规制）的标准回归系数为 0.928，t 值为 12.982，在 0.01 的水平上显著。因此，根据分析结果，确定了技术创新指数（LNFIR）与环境规制（LN 环境规制）之间的回归模型是成立的，这满足了进行中介变量检验的首要步骤要求。在第二个步骤中，技术创新水平指标技术创新指数（LNFIR）与区域经济增长能力指标专利授权数（LNPAT）的标准回归系数为 0.909，t 值为 11.307，在 0.01 的水平上显著，该回归模型成立，满足中介变量检验第二个步骤的要求。第三个步骤，将 LN 环境规制也加入 LNFIR 和 LNPAT 的回归模型中，LNFIR 与 LNPAT 的回归系数为 0.407，t 值为 1.983，Sig. 值为 0.058，由显著变为不显著；同时，LN 环境规制与 LNPAT 的标准回归系数为 0.530，t 值为 2.583，在 0.05 的水平上显著，说明环境规制在技术创新水平与区域经济增长能力之间起完全中介作用。

表 7.4  环境规制在技术创新与区域经济增长之间的中介作用

| 步骤 | 因变量 | 自变量 | 标准回归系数 | t | Sig. | 调整 $R^2$ |
|---|---|---|---|---|---|---|
| 1 | 环境规制（LN 环境规制） | 技术创新水平（LNFIR） | 0.928 | 12.982 | 0.000 | 0.857 |
| 2 | 区域经济增长能力（LNPAT） | 技术创新水平（LNFIR） | 0.909 | 11.307 | 0.000 | 0.819 |
| 3 | 区域经济增长能力（LNPAT） | 技术创新水平（LNFIR）<br>环境规制（LN 环境规制） | 0.407<br>0.530 | 1.983<br>2.583 | 0.058<br>0.016 | 0.837 |

## 7.3  结果分析

### 7.3.1  技术创新水平、环境规制与区域经济增长能力

第一，技术创新水平与环境规制显著正相关，说明百色市的技术创新水平对环境规制的技术溢出效应存在显著的正向推动作用，这可能是因为百色市的技术创新支持在技术创新的研发与实现过程中起到了良好的作

用，这与洪弘（2006）对我国技术创新程度与环境规制流入的研究结果是一致的。洪弘在验证东道国的技术创新市场发展程度与环境规制的流入关系时，得出技术创新程度与环境规制规模成正比，与环境规制的技术溢出效应成正比的结论。

第二，技术创新水平与区域经济增长能力显著正相关，说明百色市技术创新水平促进区域经济增长能力提升的作用显著。百色市技术创新市场的发展吸引了更多的外资投入，为技术创新过程中所需要的资源、人才等要素提供了强大的支持。

### 7.3.2 环境规制的中介效应

通过上述分析可以得出：环境规制在技术创新与区域经济增长的互动关系中发挥着完全中介作用。在百色市利用技术创新促进区域经济增长的过程中，环境规制所发挥的中介作用是必不可少的。首先，通过环境规制的流入与本地技术创新体系的互补，企业可以更多地获得用于技术创新的资金支持（Al Nasser，2009）。其次，环境规制的技术溢出效应产生的途径之一是通过产业的前后关联进行技术扩散（Blomstroem et al.，2003）。最后，本土企业通过消化、吸收和再创新等方式，促使区域技术创新体系的利用更加高效，为技术创新的发展提供了稳固的技术支持。

# 8 环境规制影响工业环境效率的作用机制

## 8.1 环境规制影响工业环境效率的作用途径

环境规制对工业环境效率产生影响的作用途径是多方面的，涉及技术、经济、管理、创新等各个层面。

### 8.1.1 技术升级与创新

环境规制常常要求企业采用更清洁、更高效的技术和生产方式，以减少环境污染和资源消耗。这种要求刺激了企业进行技术升级和创新，推动了环保技术的发展和应用。例如，环境规制对排放标准的限制促使企业采用更先进的排放控制设备和更高效的生产工艺，从而减少资源浪费和环境污染。技术升级和创新不仅提高了企业的环境效率，还推动了整个产业的可持续发展。环境规制的作用不仅是限制企业的污染排放和资源消耗，更重要的是激励企业进行技术升级和创新，以适应绿色发展的趋势。在环境规制的引导下，企业不得不加快技术创新的步伐，通过引进先进的环保技术和生产方法，实现可持续发展和环境友好型生产。

环境规制对企业的技术创新提出了挑战，但同时也为企业创造了新的机遇。为了满足排放标准和资源限制，企业需要不断地寻找更清洁、更高效的技术解决方案。这可能涉及新型的污染治理设备、节能减排技术、循环再利用工艺等方面的研究和应用。企业不得不将环保技术的研发纳入战略规划，加大投入力度，以满足更为严格的环保要求。随着技术的不断进步，企业还可以借助数字化技术、智能化设备等手段来实现更高效的生产和资源利用，从而提升企业的整体竞争力。

环境规制的压力也推动了环保技术的发展与应用。由于环保技术市场的需求不断增长，各类环保技术创新层出不穷，涌现了一批领先的环保技术企业。这些企业在环保技术的研究和应用方面积累了丰富经验，并不断完善和优化技术方案，使其更加符合实际生产需求。同时，环境规制还推动了环保技术与传统产业的融合，促进了环保产业的发展壮大。这不仅为企业带来了新的商机，也推动了整个产业的转型升级。

除此之外，技术升级和创新还为企业带来了诸多好处。首先，通过引进更加清洁高效的技术和设备，企业可以减少资源浪费和能源消耗，从而降低了生产成本。其次，环保技术的应用也使企业的市场竞争力和品牌形象得到了显著提升。越来越多的消费者和投资者开始倾向于选择和支持那些注重环保的企业，这一趋势不仅体现了社会对可持续发展的关注，也为企业提供了新的发展机遇。在环保和可持续发展日益成为社会关注的焦点的背景下，企业的环境友好型形象将有助于其扩大市场份额和业务增长。此外，技术升级还能够带来产业链上的优势互补和协同效应，推动整个产业的发展和壮大。

### 8.1.2 资源管理与效率

环境规制通常涉及资源使用的限制或要求，包括能源消耗和原材料使用。企业为了符合规定，必须更加谨慎地管理资源，提高资源利用效率，以减少对环境的不良影响。这促使企业寻求更节能、更高效的生产方式，从而提高工业环境效率。优化资源管理不仅有助于降低环境成本，还可以提高企业的竞争力，为企业创造更高的经济效益。环境规制对企业的资源使用和管理提出了更高的要求，促使企业优化资源利用效率，从而减少对环境的不良影响。资源管理与效率的提升不仅是环保责任的体现，更是企业实现可持续发展的重要途径。

环境规制要求企业对能源消耗和原材料使用进行限制，这迫使企业加强对资源的管理。企业需要对能源和原材料的采购、使用和处理进行全面规划，以减少资源的浪费和损耗。例如，企业可以引入前沿的生产技术和设备，以提升能源使用效率，从而在实现经济效益的同时，更好地履行环保和社会责任；实施循环经济模式，将废料和副产品进行再利用，减少资源的浪费；推广绿色供应链管理，选择环保型的供应商和合作伙伴，以降低原材料对环境造成的负面影响。

随着资源价格不断上涨和环保要求不断加严，资源效率的提升将成为企业节约成本的重要手段。通过减少资源的浪费和损耗，企业可以降低生产成本，提高盈利能力。此外，资源管理的优化还可以为企业带来创新机遇。在资源有限的背景下，企业需要寻找更加智能化、高效化的生产方式和产品设计，以适应市场需求的变化。

另外，资源管理与效率的提升也有助于企业提升竞争力和品牌形象。随着环保和可持续发展理念在社会的广泛传播，消费者对企业的环境绩效和社会责任承担越来越关注。因此，企业积极采取资源管理策略，推动清洁生产和资源的循环利用，不仅有助于塑造良好的企业形象，还能显著提升品牌价值，进而吸引更多消费者和投资者的青睐。这一转变不仅体现了企业对环保的积极响应，也为其在市场竞争中赢得了先机。此外，优化资源管理也有助于企业在市场竞争中获得优势地位。资源紧缺和环保要求的不断提高，将加剧产业结构调整和市场竞争，资源管理效率高的企业将更有可能在激烈的市场竞争中脱颖而出。

### 8.1.3  生产成本与经济激励

环境规制可能导致企业面临更高的生产成本，如购置先进设备、进行环保改造等。为了控制成本，企业将更积极地寻求资源的合理利用、废弃物的减少、污染物的循环利用等方式，从而提高工业环境效率。此外，政府可能会采取多种措施，如税收减免、财政补贴等，以激励企业转向更环保的生产方式，从而推动环境效率的提升。经济激励可以激发企业积极应对环保挑战，促使企业在经济效益和环境保护之间寻求平衡，实现双赢。

资源的有效利用不仅有助于降低成本，还能减少环境负担。企业可以采用循环经济的理念，推动废弃物的回收和再利用，将废弃物转化为资源，减少对原材料的使用。同时，提高能源利用效率、减少能源浪费也是降低生产成本的有效途径。通过技术创新和设备更新，企业可以实现节能减排，从而减少能源消耗和运营成本。

政府可以采取税收激励和补贴措施，鼓励企业采取更环保的生产方式。例如，对采用清洁生产技术的企业给予税收优惠，对节能减排的企业给予补贴奖励等，这些经济激励措施可以降低企业的复合成本。同时，政府应积极推动企业采纳更为环保的技术和生产模式。通过政府的扶持，可以进一步加快环保技术的普及与应用进程，帮助企业更好地实现环境保护和经济效益的平衡。

经济激励还可以促使企业积极应对环保挑战。在竞争激烈的市场竞争中，企业需要不断提高自身的竞争力，而环境责任和绿色形象已成为企业竞争的重要因素。通过采取更环保的生产方式，企业可以在消费者心目中建立良好的形象，吸引更多的顾客和投资者。同时，环保和绿色形象也成为企业吸引高素质员工的重要筹码，有助于提升企业整体的绩效和效率。环境规制对企业的生产成本提出了挑战，但也为企业带来了发展机遇。通过寻求资源合理利用、废弃物减少、经济激励等方式，企业可以提高工业环境效率，实现经济效益和环境保护的双赢。

### 8.1.4 绩效考核与合规风险

环境规制的合规要求使得企业需要关注环境绩效，并可能面临合规风险。企业在面对环境规制时，必须认识到合规风险的存在，合规意识的加强有助于企业更加积极主动地应对环保挑战，并提高工业环境效率。

合规风险是企业在环境规制中面临的重要问题。如果企业未能遵守相关的环境法规和标准，可能会面临各种严厉的处罚，包括罚款、行政处罚甚至停产整顿。这些处罚不仅会影响企业的经济效益，还可能严重损害企业的声誉和品牌形象。为了避免合规风险，企业需要加强环境管理，确保生产过程中的各项环保措施符合环境法规要求，避免产生违规行为。

为了满足环境规制的要求，企业需要关注环境绩效。建立健全的环境管理体系，加强环境数据的监测和评估，制定环保计划和目标，是企业确保环境绩效符合规定的重要手段。企业需要通过内部培训和外部专家支持，不断提高员工的环保意识和技能，使每个员工都成为环保的积极推动者。同时，企业应积极与政府和社会组织合作，主动接受第三方的环境评估和监督，增加环境透明度，提高企业环保形象。

绩效考核与合规风险的存在也推动企业不断提高工业环境效率。在日益严格的环保法规和公众环保意识增强的背景下，企业需要以环保绩效为核心指标来评估企业的经营状况。优秀的环境绩效不仅能使企业避免合规风险，还能显著提升企业的市场竞争力，并塑造出更加积极的品牌形象，从而赢得消费者和投资者的广泛认同与支持。绩效考核的存在将促使企业在经济效益和环境保护之间寻求平衡，促进企业不断改进和创新，从而提高工业环境效率。

### 8.1.5 供应链压力

环境规制不仅影响企业自身，还可能通过供应链产生连锁效应。一些企业可能要求其供应商符合特定的环保标准，以确保整个供应链具有可持续性。这种供应链压力促使供应商也加大对环境问题的关注力度，从而影响整个供应链的工业环境效率。供应链压力通常会促使供应商改进其生产过程，采用更环保的技术和材料，以满足客户的要求。供应链合作伙伴之间也会进行信息共享和合作，在这种相互影响下，整个供应链的环境效率将得到提高，从而构建一个可持续的产业生态系统。

环境规制通过技术升级与创新、资源管理与效率、生产成本与经济激励、绩效考核与合规风险以及供应链压力等多种途径，对工业环境效率产生影响。这些作用途径相互交织，共同促使企业在环保与经济发展之间寻求平衡，从而实现可持续发展。

## 8.2 环境规制与工业环境效率的相互影响

### 8.2.1 环境规制对工业环境效率的影响

环境规制对工业环境效率的影响是显著的，它在促进企业环境管理和可持续发展方面发挥了重要作用。

1. 促进环保技术创新

环境规制要求企业采用更清洁、更高效的技术和生产方式，以减少环境污染和资源消耗。在这一过程中，促进环保技术创新成为至关重要的任务。为了符合环境标准，企业不得不进行技术升级和创新，这推动了环保技术的发展和应用，带来了广泛的积极影响。

环保技术创新改变了传统生产方式，推动了整个产业的技术升级。随着环保要求不断提高，企业不得不放弃传统高耗能、高污染的生产方式，转向更加清洁和高效的技术和工艺。这种技术升级不仅满足了环保要求，还提高了生产效率和资源利用率，降低了生产成本。随着环保技术的不断推广和应用，整个产业得以转型升级，实现绿色可持续发展。

环保技术创新为企业带来了市场竞争的优势。随着环保意识的不断增强，消费者和投资者对环保性能越来越重视。采用先进环保技术的企业能够树立良好的企业形象，赢得消费者信任，从而增加市场份额。在国际竞争中，环保技术的先进性也成为企业拓展海外市场的优势。因此，环保技术的创新不仅有助于企业达到环境标准，还有利于提高企业的盈利能力和市场竞争力。

同时，环保技术创新带动了绿色产业的发展。随着环保意识的普及，绿色产业成为各国政府和企业共同关注的重点。通过环保技术的创新和应用，涌现出大量的环保技术企业，形成了新的经济增长点。绿色产业的发展不仅创造了就业机会，还推动了相关产业链的发展，带动了经济的增长和可持续发展。在促进环保技术创新的过程中，政府、企业和科研机构发挥着不可或缺的作用。政府可以通过设立环保科技创新基金、加大对环保技术研发的财政支持等方式，鼓励企业投入更多的资源进行技术创新。企业可以积极开展科技合作，为了更有效地推动环保技术的研发和应用，企业应积极加强与科研机构及高等院校的紧密合作。科研机构则承担着技术研发的重要任务，为企业提供技术支持和解决方案。在未来，促进环保技术创新将继续成为各国政府和企业的共同使命。随着技术的不断发展和应用，环保技术的效率和性能将不断提升，从而为实现绿色、低碳、可持续的发展目标提供更加坚实的基础。

2. 强化资源管理和节能减排

强化资源管理是企业顺应时代发展的必然选择。随着全球资源日益紧缺和环境问题日益突出，企业必须采取有效措施管理资源，避免资源的浪费和过度消耗。资源管理包括对原材料的采购、使用、再利用和回收等多个环节的科学规划和合理安排。企业通过构建系统完善的资源管理机制，不仅能够实现对成本的有效管控，还能大幅提升资源利用效率，从而显著降低生产经营活动对环境造成的不良影响。

节能减排是提高工业环境效率的重要手段。能源消耗是工业生产中的主要环节，而大量的能源消耗也是环境负担的主要来源。因此，企业需要采取有效的节能措施，减少能源的浪费。节能措施包括优化生产工艺、提高能源利用效率、推广节能设备和技术等。同时，企业还可以通过采用清洁能源替代传统能源、减少二氧化碳等温室气体的排放等方式，对全球气候治理作出积极贡献。

在资源管理和节能减排中，科技创新是推动工业环境效率提升的重要驱动力。企业可以借助先进的信息技术、大数据分析等手段，实现对资源的精准管理和控制。例如，通过物联网技术，可以实现对生产设备的实时监测和控制，减少资源的浪费。同时，科技创新也推动了新型节能技术和设备的不断涌现，为企业节能减排提供了更多的选择和可能。

政府在资源管理和节能减排方面发挥着重要的引导作用。政府可以通过税收优惠、补贴措施等方式，鼓励企业采取节能减排措施。同时，政府还可以加大对资源管理和节能技术研发的投入，支持科技创新，推动相关技术的应用和升级。政府与企业共同合作，形成合力，将资源管理和节能减排纳入企业的发展战略，从而推动工业环境效率的不断提升。

3. 推动环境管理体系建设

环境规制要求企业建立健全的环境管理体系，包括环境监测、数据报告、环境风险评估等。这些要求促使企业加强对环境问题的管理和控制，推动企业建立更加科学和规范的环境管理体系。一个完善的环境管理体系有助于提高企业对环境问题的预防和应对能力，从而提高工业环境效率。

环境管理体系的建设是企业实现可持续发展的基础。随着环境问题的日益突出，企业在追求发展的过程中，除关注短期的经济利益外，更应着眼于长期的环境效益和社会责任。建立健全的环境管理体系，有助于企业在生产经营中更好地考虑环境问题，减少环境风险。通过科学的环境风险评估和预警，企业可以更好地应对各类环境风险，降低环境事故的发生概率。

环境管理体系的建设有助于提高企业的环境绩效。通过环境数据的监测和报告，企业可以及时掌握自身的环境状况，评估环境绩效，并及时采取相应改进措施。合理的环境数据和报告可以使企业的环境绩效更加透明，从而加强企业与政府、社会和投资者的沟通和信任。同时，环境管理体系的建设有助于加强对环境问题的预防，降低环境风险，减少环境事故的发生。推动环境管理体系建设需要企业的积极投入，同时政府和社会也需要提供支持。企业可以通过制定环境管理制度、组织内部培训、加强员工环保意识和责任意识等方式，推动环境管理体系的建设。政府可以加强环境规制，制定相关政策和标准，激励企业加强环境管理，实现环境效率的提升。同时，政府还可以加大对环境管理体系建设的支持力度，通过财政和税收等方式，鼓励企业投入更多资源进行环境管理体系的建设。社会组织和媒体的监督和宣传也可以推动企业加强环境管理，形成全社会共同关注环境保护的氛围。在未来，随着环境问题的不断加深和环境规制的不断加强，环境管理体系建设将成为企业发展的必然选择。通过建立健全的环境管理体系，企业可以更好地实现经济效益和环境效益的双赢，从而推动工业环境效率的不断提升。

### 8.2.2　工业环境效率对环境规制的影响

工业环境效率对环境规制产生着直接和间接的影响。环境规制促使企业加大环保投入和创新，从而提升工业环境效率，而工业环境效率的提升也反过来促进环境规制的进一步完善和加强。

1. 刺激环保投入与技术创新

提高工业环境效率意味着减少资源浪费和污染排放，这使得企业更有动力投入更多资源用于环保。这种环保投入和技术创新可以促使环境规制不断提高标准，进一步鼓励企业在环保方面作出更大贡献。而随着环保意识的普及和环境规制的不断加强，企业也面临更大的环保压力和责任。

随着技术的进步和环保意识的提高，原本满足规定的技术和方法可能会变得不足，因此环境规制可能会调整和升级标准。企业为了遵守新的规定，不得不加大投入，采用更先进的环保技术和生产方式。这种动态的环境规制的调整，可以推动企业不断改进和创新，为环境保护作出更大贡献。

加大环保投入和技术创新也有助于树立企业的环保形象和品牌价值。在现代社会中，环保形象成为企业吸引消费者和投资者的重要因素之一。那些积极采用清洁技术和绿色生产方式的企业往往更受消费者青睐，有着更高的品牌价值和市场竞争力。同时，环保形象的树立也有助于企业吸引社会资本和获得更多的投资，推动企业更好地发展壮大。

政府和社会应该加大对环保领域的支持和关注，为企业提供更多的政策和资金支持，激励企业在环保方面取得更多的成绩。同时，企业也应当将环保作为重要的发展战略，加强技术研发和资源管理，实现经济效益和环境效益的双赢。

2. 加速环保法规的制定

工业环境效率的提升通常会引起政府和社会对环保问题的更高关注。随着环境规制的完善和严格执行，政府对环境目标的实现有更多信心，也会因为企业的表现而调整和完善环境规制。这种相互促进的关系推动了环保法规的加速制定，为环境保护提供了更有力的支持和保障。

高效环保的企业可以成为行业的示范，推动政府加大力度推出更严格的环保法规和政策。当一些企业率先在环保方面取得显著成绩时，它们往往会成为行业的典范，被社会和政府认可。政府可以通过表彰和奖励，鼓励更多的企业进行学习和效仿，推动整个产业迈向更高的环保标准。这种示范效应在一定程度上加速了环保法规的制定，为更多企业提供了环保的指导和引领。

政府对环保问题的高度重视也加速了环保法规的制定。随着环境问题日益突出，政府不得不采取更有力的措施来应对。环境规制作为政府解决环保问题的重要手段之一，不仅体现了政府进行环境治理的决心和责任，也为企业提供了明确的环保目标和标准。政府在法规制定过程中还需要广泛征求社会各界的意见和建议，形成共识和合力，以确保环保法规的合理性和可执行性。

在加速环保法规制定的过程中，政府和企业之间的密切合作至关重要。政府应当倾听企业的声音和需求，充分考虑企业的实际情况，制定更具针对性的环保法规。同时，政府还应当为企业提供相关的培训和指导，帮助企业更好地适应新的环保要求。企业应当主动配合政府的监管和执行，履行环保责任，为政府提供准确的环保数据和信息。政府应当坚持科学决策、全面规划，为企业提供更稳定、更清晰的环保政策和法规，引导企业加大环保投入，推动工业环境效率的不断提升。总的来说，工业环境效率的提升会对环境规制产生积极的影响，推动了环保技术的创新、加速了环保法规的制定、塑造了企业的社会责任形象、提高了产业的整体环保水平，并引发了科技和管理的进步等。这些因素相互作用，共同推动企业在环保方面取得持续的进步，推动社会朝着更加环保、可持续的方向发展。

# 9 碳排放视域下环境规制政策分析

　　我国作为全球最大的温室气体排放国之一，深知自己在全球气候治理中的责任重大。面对日益严峻的气候挑战，我国采取积极主动的态度，成为国际气候谈判中的重要参与者，并承担应对气候变化的责任。我国在全球气候谈判中坚持以合作为基础，倡导共同应对气候变化的全球合作，期望与全球各国共同解决气候问题。同时，我国积极参与《巴黎协定》《联合国气候变化框架公约》等重要国际气候谈判，为全球气候治理作出了重要贡献。我国不仅在国际层面呼吁其他国家共同应对气候变化，还在地区和国际组织中积极开展气候治理合作，推动全球气候治理机制不断完善。我们认为，气候变化是全球性的问题，需要各国共同承担责任，共同应对挑战。富裕国家应该承担起更多的历史责任和义务，提供技术转让和资金支持，帮助发展中国家提升应对气候变化的能力。我国在国际气候谈判中坚持公平、合理、共同但有区别的原则，推动全球气候合作朝着更加均衡和有效的方向发展。

　　我国作为发展中国家，面临着特殊的国情和发展阶段。在国际气候谈判中，我国也强调发展中国家在应对气候变化问题时的特殊性和合理性，发展中国家通常面临经济欠发达、人口众多、社会发展不平衡等问题，对气候变化的应对能力稍显不足。因此，在国际气候谈判中，我国主张应充分考虑发展中国家的实际情况和困难，推动发达国家为发展中国家提供更多支持和帮助。同时，我国坚定维护发展中国家的权益，主张国际气候合作应坚持共同但有区别的原则，充分尊重发展中国家的发展权利，确保发展中国家能够平衡经济发展与环保目标，实现可持续发展。

# 9.1 "双碳"目标与碳减排的政策背景

## 9.1.1 "双碳"目标

我国的"双碳"目标是指力争 2030 年前实现碳达峰、2060 年前实现碳中和。碳达峰是指在一定时间内，温室气体排放量达到峰值后开始逐步减少。碳中和是指通过植树造林、节能减排等形式，使二氧化碳排放总量减少到接近于零，实现二氧化碳的"零排放"。

我国于 2020 年宣布了"碳达峰"和"碳中和"的目标，这是我国在全球气候治理中的重要举措，也是对实现《巴黎协定》目标的重要承诺。"双碳"目标的提出是我国努力应对气候变化、推动可持续发展的具体行动，体现了我国在全球气候治理中的责任与担当。为实现"双碳"目标，我国采取了一系列措施。首先，加大了对清洁能源的投入，推动可再生能源的开发和利用，提高可再生能源在能源消费结构中的比例；其次，积极发展风能、太阳能、水能等可再生能源，大力推进电动汽车、新能源汽车的普及，减少对传统煤炭等高碳能源的依赖，实现能源结构的转型升级。

我国实施了一系列节能减排政策，包括推动工业结构调整，鼓励企业采用清洁生产技术和绿色生产方式；加大了对高能耗、高排放行业的监管和治理力度，推动企业减少温室气体的排放，实现绿色低碳发展；加强了科技创新和技术推广，大力推进低碳技术和清洁技术的研发和应用，推动绿色科技的普及和推广；积极参与国际合作，与其他国家共享经验，加强技术转让与合作，推动全球气候治理的协调与合作。

在实现"双碳"目标的过程中，我国也面临一系列挑战。一方面，我国作为世界上最大的发展中国家，经济社会发展水平不均衡，减排任务艰巨，因此，需要克服发展不平衡、资源有限等困难。另一方面，"双碳"目标的实现需要全社会的共同参与和支持，需要企业、政府和公众的共同努力。

## 9.1.2 自主减排目标

为应对气候变化，我国制定了一系列自主减排目标和计划。这些减排目标体现了我国在应对气候变化问题上的责任担当和积极作为，旨在减缓气候变化的影响，同时符合我国自身的经济和社会发展需求。

我国制定了削减二氧化碳排放强度的目标。削减碳排放强度意味着在经济增长的基础上减少温室气体的排放，实现碳排放与经济增长之间的脱钩。我国将推进工业结构调整、能源结构优化和清洁生产技术推广，以提高能源利用效率，实现低碳转型发展。

我国计划提高可再生能源的比例。可再生能源是低碳、清洁的能源，发展可再生能源是我国应对气候变化的重要途径。我国将积极发展风能、太阳能、水能等可再生能源，提升可再生能源在能源消费结构中的占比。通过扩大可再生能源的应用范围，我国将减少对传统化石能源的依赖，减少温室气体的排放。实现绿色低碳发展不仅是我国经济转型升级的核心导向，更是有效应对气候变化、保障可持续发展的关键行动。我国将加快推进绿色技术创新，推广绿色低碳生产方式，促进绿色产业发展。同时，我国将加强节能减排政策的制定和实施，鼓励企业加大投入，推动绿色低碳发展成为经济社会发展的主流。

在实施自主减排目标的过程中，我国将面临一系列挑战和机遇。一方面，我国是世界上最大的发展中国家，经济社会发展水平不均衡，减排任务艰巨。因此，我国需要加大投入，优化政策，发展绿色经济，实现减排目标。另一方面，减排目标的实施将带来经济结构调整和技术创新的机遇，推动我国经济转型升级，促进可持续发展。我国积极应对气候变化问题，不仅有助于全球气候治理，也将推动国内经济社会的绿色可持续发展。在全球共同应对气候变化的进程中，我国将继续发挥重要作用，积极参与国际合作，为构建人类命运共同体贡献中国智慧和力量。

## 9.2　排污权交易与环境规制

排污权交易是一种灵活的、市场化的环境规制措施，其核心思想是通过引入市场机制，让企业在一定的排放总量内自由买卖排污权证书，从而实现优化资源配置、激励减排和降低环境成本的目标。从排污权交易的相关理论和作用机理出发，可以探讨它在环境规制方面的经验结果。

### 9.2.1　减排刺激效应

排污权交易作为一种经济激励机制，对企业的减排行为产生了积极的刺激效应，促使减排成本较低的企业主动减少排放，同时有效控制了整个经济体系中的污染排放总量。

排污权交易将污染排放权看作可交易的资源，形成了具有市场属性的减排机制。通过将排放权进行交易，企业之间形成了灵活的减排资源交换平台。减排成本较低的企业通常采用了清洁、高效的生产技术或采取了环保措施，拥有较多的排放权余额。这些企业可以将其多余的排放权出售给排放成本较高的企业，获取相应的收入。因此，减排成本较低的企业受到经济利益的驱动，会主动减少排放，将剩余的排放权转化为经济利益。

排污权交易激励了企业的自愿减排行为。由于排放权的交易是基于市场机制形成的，没有强制性的减排指标，企业在参与交易时具有一定的自主权。减排成本较高的企业可以通过购买排放权来弥补其减排的不足，从而减少减排压力。而减排成本较低的企业则可以通过减排行为获得额外的收益，增强了自愿减排的积极性。这种自愿性的减排行为，使得企业在经济效益和环境保护之间寻求平衡，从而实现双赢的局面。

排污权交易促进了排放总量的有效控制。由于排放权是有限的，随着减排成本较高的企业购买更多的排放权，排放权的供给会逐渐减少，从而形成了对排放总量的限制。随着排放总量的减少，企业之间进行排放权交易的动力也会逐渐减弱，因为排放权的价格会随之上涨。在这样的市场环境下，企业将更加积极地寻求更环保的生产方式和减排措施，以减少对排放权的需求，降低减排成本。

### 9.2.2　灵活性与成本效率

排污权交易机制赋予了企业更大的灵活性，使得企业可以根据自身的减排能力和成本情况来决定是否购买排污权，以及购买多少。这种市场化机制有助于优化资源配置，使减排措施在整个经济体系中得到最大限度的实施。

排污权交易机制允许企业根据自身的减排能力来决定是否购买排污权。减排能力较强的企业可以通过自主减排来降低排放，减少对排污权的需求，从而节省成本。相反，减排能力较弱的企业可以通过购买排污权来弥补其减排的不足，从而避免因减排不达标而面临处罚和限制。这种灵活性使得企业可以根据自身实际情况来灵活地选择减排方式，从而实现最优的减排效果。

排污权交易机制允许企业根据成本情况来决定购买的排污权的数量。排污权的价格是由市场供求关系决定的，随着排放总量的减少和减排成本的变化，排污权的价格也会发生变化。因此，企业可以根据排污权的价格和自身的减排成本来决定购买的排污权的数量。在排污权价格较低的情况下，企业可以适当购买更多的排污权，从而降低减排成本；而在排污权价格较高的情况下，企业可以适当减少排污权的购买数量，通过自主减排来降低成本。这种成本效率的优化，使得减排措施的作用在整个经济体系中得到最大限度的发挥。

排污权交易机制赋予企业更大的灵活性，使得企业可以根据自身情况来选择最合适的减排方式，从而实现最优的减排效果。同时，市场化机制也促进了资源的优化配置，提高了减排措施的成本效率。这种灵活性和成本效率的优势使得排污权交易成为加快减排行动的有效工具，有助于实现企业的绿色和可持续发展。排污权交易机制还鼓励企业寻求更加清洁和高效的生产方式，从而减少排放并获得更多的排污权。这种市场机制的存在促进了技术创新，推动了环保技术的发展和应用。

然而，排污权交易也面临一些挑战和问题，如监管不到位可能导致交易失真、价格波动等。因此，建立完善的监管体系和市场规则是确保排污权交易有效运行的重要前提。排污权交易作为一种市场化环境规制措施，经验结果显示它能够在一定程度上激励减排、优化资源配置、促进技术创新，并提高环境规制的灵活性和社会参与度。因此，在实践中，我们需要不断完善制度、加强监管，确保其有效运行，以更好地应对气候变化和环境挑战。

## 9.3 碳排放视角下环境规制与技术、贸易及经济增长的关系

### 9.3.1 技术与环境规制

环境规制对技术发展有着重要的影响。严格的碳排放限制能够激励企业加大技术创新的投入力度，研发更清洁、更高效的能源和生产技术。环境规制对技术的推动作用有助于减少碳排放，推动碳减排目标的实现。环境规制作为一种外部压力，能够促使企业通过创新来满足排放限制。企业在面对更严格的碳排放限制时，传统的高碳排放技术和生产方式可能已经不再适用。因此，企业不得不寻求更清洁、更高效的能源和生产技术，以减少碳排放。这种压力促使企业在技术研发方面加大投入，探索新的技术解决方案，并推动环保技术的发展。

环境规制对技术创新的推动作用也涉及产业链的全面升级。随着环境规制的日益严格，企业在减排方面的压力不仅限于自身，还涉及整个产业链。例如，汽车行业受到碳排放限制的影响，不仅汽车制造商需要改进发动机技术，还涉及原材料供应商、零部件生产商等各个环节。这种产业链的全面升级推动了技术创新的全面发展，从而实现整个产业的碳减排目标。

环境规制对技术创新的推动作用还体现在国际合作与交流上。面对全球气候变化的共同挑战，各国纷纷加强国际合作，共同推动环保技术的研发和应用。国际合作有助于各国共享创新成果，加速环保技术的传播与推广。通过技术交流和经验分享，各国可以共同进步，共同应对气候变化带来的挑战，实现经济可持续发展和环境保护的双赢。

### 9.3.2 贸易与环境规制

环境规制会对国际贸易产生影响。一些国家为了保护本国的环境和产业，会对进口高碳排放产品实施限制措施，如征收高额的碳排放税或实施碳边境调整措施。这些贸易壁垒增加了高碳排放产品的出口成本，降低了其在国际市场上的竞争力。面对贸易壁垒和环境规制的双重压力，企业往

往会采取积极的减排措施。一方面，为了打破贸易壁垒，企业可能会主动采取减排措施，降低产品的碳排放水平，以满足目标市场的环保要求。另一方面，企业可能会转向生产碳排放更低的产品，以适应市场需求和打破贸易壁垒。这种减排行为不仅有助于满足出口市场的需求，还有助于推动企业朝着低碳、绿色发展的方向转型。

此外，环境规制也促进了绿色贸易的发展。随着人们环保意识的提升，越来越多的国家和企业开始注重环保和可持续发展。那些符合环保要求和标准的产品，可能会受到其他国家（地区）的优惠待遇，如减免进口关税或获得绿色标志认证。这为绿色产品的国际贸易提供了更多机遇，推动了绿色产业的发展。

### 9.3.3 经济增长与环境规制

环境规制对经济增长的影响具有双重性。一方面，严格的碳排放限制可能增加企业的生产成本，尤其是碳密集型产业，从而抑制其经济增长。另一方面，环境规制也可能鼓励企业朝着低碳、高效的方向转型，推动绿色产业和清洁技术的发展，为经济增长带来新的机遇。

严格的碳排放限制可能会增加企业的生产成本。对于碳密集型产业，如煤炭、钢铁和化工等产业，其生产过程中的碳排放将受到限制，这可能促使企业需要利用更加昂贵的减排技术或者购买更多的排放配额来满足规定的碳排放标准。这些额外的成本会被转嫁到产品价格上，影响企业的竞争力和市场份额，甚至对部分企业造成压力和困难，抑制其发展。

环境规制也可能鼓励企业转向低碳、高效的生产方式，推动绿色产业和清洁技术的发展。面对碳排放的限制，企业可能会加大技术研发和创新投入力度，开发更清洁、更高效的能源和生产技术。例如，企业可能会采用更先进的节能设备和生产工艺，转向使用可再生能源，或者采取循环经济模式，从而减少碳排放和资源消耗。这种转型不仅有助于企业遵守环境规制，还能提高企业的环保形象，增强企业的市场竞争力。此外，环境规制还可以刺激绿色产业的发展，为经济增长带来新的机遇。严格的环境规制可能导致传统的高碳排放产业受到限制，但能够推动绿色产业和清洁技术的崛起。例如，可再生能源、清洁能源、环保设备制造等绿色产业将逐渐成为经济增长的新引擎。绿色产业的发展不仅能够提供新的就业机会，还可以促进相关产业链的发展，推动经济的多元化和可持续增长。

综合来看，环境规制对技术、贸易及经济增长的关系是相互影响、相互促进的。合理的环境规制可以激励技术创新，推动经济结构的转型升级，促进清洁技术的推广应用。在贸易方面，环境规制虽然会带来贸易壁垒，但也可能促使企业在全球市场上寻求更环保的竞争优势。在经济增长方面，环境规制在一定程度上会对碳密集型产业产生一定的冲击，但从长远来看，有助于塑造经济可持续发展的格局，推动经济向绿色低碳方向转型。因此，在碳排放视域下，环境规制不仅是应对气候变化和环境挑战的必要手段，还在一定程度上与技术创新、贸易壁垒以及经济增长密切相关，只有综合考虑各方面的因素，才能实现碳减排目标与经济可持续发展的平衡。

# 10 企业绿色技术创新和环境规制的政策工具效应

## 10.1 企业绿色技术创新绩效评价的多维视角

我们可以从多个角度对企业绿色技术创新进行评价，包括环境绩效、技术创新、经济绩效、社会影响等视角。

### 10.1.1 环境绩效视角

通过评估企业的环境绩效指标，如能源消耗量、废物排放量、碳排放量等，可以衡量企业绿色技术创新的成效。这些指标反映了企业的生产经营过程对环境的影响，进而评估企业的绿色技术创新水平和环保成就。绿色技术创新的核心目标之一在于减少能源消耗并提升资源利用效率。为实现这一目标，企业可以采用节能且高效的技术和设备，同时优化生产流程，从而显著降低自身的能源消耗。此外，对能源消耗进行全面评估也是至关重要的一环，可以看出企业在节能减排方面取得的进展，从而判断其绿色技术创新的成效。同时，绿色技术创新可以帮助企业实现废物减量和碳减排，减少对环境产生的不良影响。例如，采用先进的废物处理技术和低碳生产工艺，可以降低废物排放量和碳排放量。通过对废物排放量和碳排放量进行监测和评估，可以了解企业在减少环境污染和应对气候变化方面的努力程度，以及其绿色技术创新的成果。除了能源消耗量、废物排放量和碳排放量，环境绩效指标还包括水资源利用率、土地占用率等。企业在进行绿色技术创新时，应当综合考虑多个环境指标，采取综合措施，全面提升环境绩效。

环境绩效评估不仅有助于监测企业活动对环境的影响和企业的绿色技术创新成效，还可以为企业提供参考和借鉴，激励企业在环保方面持续改进。政府和相关监管部门也可以通过环境绩效评估来了解企业的环保情况，加强对企业的监督管理。同时，环境绩效评估还可以为企业提供对外宣传和合作的资本。在国际社会日益关注环境问题的背景下，企业的环境绩效越好，其在国际市场上的竞争优势就越明显。通过公开披露环境绩效数据，企业可以增强公众和投资者对其绿色形象的认知和信任。

环境绩效指标是评估企业绿色技术创新成效的重要依据，通过对企业的能源消耗量、废物排放量、碳排放量等环境指标进行评估，可以客观反映企业的环保成就和绿色技术创新水平。政府和企业应当重视环境绩效评估，在推动绿色技术创新和促进环境保护方面共同努力，实现经济发展和环境可持续性的双赢。

### 10.1.2　技术创新视角

从技术创新的视角来评估企业绿色技术创新水平，主要关注两个方面：创新的数量和质量，包括绿色技术的专利数量、技术改进的速度和效果等。这些指标可以反映企业在绿色技术领域的创新实力和对绿色技术的应用程度。技术创新是推动企业绿色技术发展的重要动力之一。

创新数量指标可以通过绿色技术的专利数量、科研项目数量等来反映。绿色技术专利是企业绿色技术创新的重要成果，可以通过保护企业的知识产权，提高企业在绿色技术市场中的竞争力。专利数量的增加意味着企业在绿色技术领域持续进行技术研发和创新，积极探索新的解决方案。此外，科研项目数量也可以反映企业在绿色技术研发方面的活跃程度。

创新质量可以通过技术改进的速度和效果来反映。技术改进的速度体现了企业在绿色技术创新上的反应能力。在绿色技术领域，技术的更新换代速度较快，企业需要及时跟进和引领技术潮流，以保持竞争优势。技术改进的效果则关系到企业的创新实力和技术水平。有效的技术改进可以提升产品性能，降低生产成本，提高资源利用效率，从而增强企业的市场竞争力。

除了专利数量、科研项目数量、技术改进速度和效果，还可以考察企业在绿色技术创新方面的合作与交流情况。企业之间的合作与交流有助于促进技术共享和创新合作，形成技术创新的合力。例如，企业可以与高校、科研院所、行业协会等建立合作关系，共同开展绿色技术研发和应用。评估企业绿色技术创新时，还需要关注绿色技术的应用程度。绿色技术创新不仅是实验室里的研发，更重要的是要将绿色技术应用到实际生产中，推动企业绿色转型。因此，评估时还应当关注企业在生产实践中对绿色技术的应用程度和效果。

技术创新视角是评估企业绿色技术创新的重要角度。通过评估创新的数量和质量，了解企业在绿色技术领域的创新实力和应用程度，有助于政府和企业深入了解绿色技术创新的成效和潜力。政府可以根据评估结果，针对企业存在的问题和瓶颈，制定更有针对性的政策措施，促进企业绿色技术创新的持续发展。同时，企业之间应加强合作与交流，通过积极推动绿色技术的共享与广泛应用，各方可以形成强大的合力，共同促进绿色经济的蓬勃发展。

### 10.1.3 经济绩效视角

通过考察企业的经济绩效，如销售额、利润等，来评估绿色技术创新对企业经济效益的影响。绿色技术创新不仅能够实现环境保护和资源节约，还可以在经济方面产生积极的影响。企业可以通过绿色技术创新，降低生产成本、提高产品竞争力，从而实现经济效益的提升。

绿色技术创新可以降低企业的生产成本。传统的生产方式往往会产生大量的废弃物和排放物，企业需要对其进行处理和清理，从而增加了生产成本。而绿色技术创新可以有效地减少废弃物和排放物的产生，降低了处理和清理的成本。例如，采用循环技术，将废物转化为资源，不仅减少了原材料的使用，还降低了废弃物处理的成本。另外，采用清洁能源和节能技术，可以降低能源消耗，减少能源支出，从而降低企业的生产成本。

绿色技术创新可以提高企业的产品竞争力。在现代社会，环保和可持续发展的理念受到越来越多消费者的关注和认同。消费者在购买产品时，越来越倾向于选择那些环保、绿色、健康的产品，并愿意为此类环保产品支付相对较高的价格。因此，企业通过绿色技术创新，生产出环保产品，能够满足消费者的需求，提高产品附加值，增强产品的竞争力。同时，绿色技术创新也可以提高产品的质量和性能，从而提高产品的市场占有率和销售额。

绿色技术创新还可以带来新的商机和市场。随着全球环保意识的增强，绿色技术市场迅速扩大。企业通过绿色技术创新，开发出符合市场需求的绿色产品和服务，可以开辟新的市场，实现业务的拓展和增长。例如，随着清洁能源的推广和应用，相关的新能源产业和服务业也逐渐兴起，为企业提供了新的商机和发展空间。

绿色技术创新对企业经济绩效的影响是多方面的。绿色技术创新可以降低企业的生产成本，提高产品竞争力，增加产品附加值，满足消费者的需求。同时，绿色技术创新还可以带来新的商机和市场，为企业的业务发展提供新的机遇。政府和企业应当重视绿色技术创新对经济效益的积极影响，鼓励企业加大对绿色技术创新的投入，促进绿色技术的应用和推广。同时，政府还可以采取相关政策措施，如提供绿色技术创新的奖励和补贴，引导企业加大绿色技术创新的力度。通过共同努力，实现经济发展和环境保护的双赢。

### 10.1.4 社会影响视角

企业进行绿色技术创新，不仅关乎其自身利益，还涉及对整个社会的贡献，对社会具有积极影响，如创造就业机会、提高居民生活质量等。通过考察企业绿色技术创新对社会的积极影响，可以深入了解其在可持续发展和承担社会责任方面所扮演的角色。

绿色技术创新可以创造更多的就业机会。随着绿色技术的推广和应用，绿色产业逐渐兴起，涌现出许多绿色产业链的相关企业。这些企业的发展需要各类人才，包括技术人才、研发人员、销售人员等，从而创造了更多的就业机会。特别是在新兴的清洁能源、循环经济、节能环保等领域，绿色技术创新为就业市场注入了新的活力。

绿色技术创新可以提高居民的生活质量。绿色技术的应用可以提高环境质量，减少污染物的排放，提升空气和水质量，从而改善人们的生活环境。例如，清洁能源的推广可以减少大气污染物的排放，提升空气质量；循环技术的应用可以减少废物的排放和资源的浪费，提高资源利用效率。这些都有助于提升居民的生活质量和幸福感。

绿色技术创新还可以带动相关产业和区域的发展。绿色技术的应用需要相关的设备、材料、配套服务等，这些都会带动相关产业的发展。同时，政府也会采取一系列政策措施来支持和鼓励企业开展绿色技术创新活动，这些政策会对区域经济发展产生积极的影响。此外，绿色技术创新还有助于提升企业的社会形象和品牌价值。企业通过积极开展绿色技术创新，实现环保目标，体现了企业的社会责任和可持续经营理念，这有助于企业树立良好的社会形象和品牌价值。消费者愿意购买那些环保、绿色的产品，从而增加了企业的市场竞争力。

绿色技术创新不仅对企业自身的经济效益有积极的影响，还会对社会和环境产生重要的正面效应。企业通过绿色技术创新，可以创造更多的就业机会、提升居民生活质量、带动相关产业和区域的发展以及提升自身的社会形象和品牌价值。政府和企业应当共同努力，鼓励和推动绿色技术创新，以实现经济增长和环境保护的双赢，推动可持续发展的进程。同时，有关部门应加强宣传和教育，提高公众对绿色技术创新的认识和支持度，形成全社会共同参与的良好氛围。只有通过共同努力，才能实现经济、社会和环境的协调发展，为子孙后代创造一个更加美好的未来。

## 10.2 环境规制驱动企业绿色技术创新的政策工具效应

政府通过制定和执行环境规制政策，对企业的生产行为进行规范和限制。严格的环境规制可以激励企业采取更环保的生产方式和技术。为了遵守环保法规，企业需要寻求更加清洁、更高效的技术解决方案，以减少生产活动对环境造成的不良影响。这种压力促使企业进行技术创新，推动清洁生产技术、循环技术、低碳技术等的应用和发展，以实现环境保护与经济发展的双赢。环境规制是推动企业绿色技术创新的重要政策工具，其效应主要体现在激励企业采取环保措施和推动技术创新两个方面。

严格的环境规制激励企业采取环保措施。政府通过制定和执行环保法规，对企业的生产行为进行规范和限制，并对不符合环保标准的企业进行处罚，迫使企业采取更加环保的措施来减少对环境的不良影响。例如，企业可能采取减少废物排放、提高资源利用效率、减少能源消耗等措施，以满足环境规制的要求。通过遵守环境规制，企业可以降低环境风险和法律风险，保护企业的声誉和形象，从而实现可持续发展。

严格的环境规制促使企业进行技术创新。在环境规制的驱动下，企业可能会增加对研发的投入，探索新的环保技术和解决方案，提高技术创新的积极性和效率。随着技术创新的推进，企业可以不断优化产品和服务，提高竞争力，实现经济效益的提升。环境规制对企业绿色技术创新的政策工具效应还体现在四个方面。

（1）激励企业进行技术更新和升级。严格的环境规制要求企业持续改进环保设施和技术，避免使用落后技术，从而推动企业进行技术更新和升级。例如，对于高耗能、高污染的设备和生产工艺，政府可以设定相应的限制和减排要求，迫使企业采用更加清洁高效的生产技术和设备，从而推动技术的更新和升级。

（2）促进绿色产业的发展。环境规制可以对不符合环保标准的传统产业进行限制和淘汰，同时鼓励和支持绿色产业的发展。政府可以采取税收优惠、研发补贴、贷款支持等政策，激励企业进行绿色技术创新和发展环保产业，从而推动绿色产业的发展和壮大。

（3）引导企业加强环境管理和监测。环境规制要求企业建立健全环境管理体系，定期进行环境监测和排放检测，公开环境信息。这些举措有助于企业更好地了解自身的环境状况，发现和解决潜在的环境问题，促使企业更好地开展环境保护工作。

（4）增强企业的社会责任意识。严格的环境规制要求企业不仅要关注自身的经济利益，还要承担社会责任，积极参与环保活动和公益事业。这有助于提升企业的社会责任意识和可持续发展意识，推动企业将环保和可持续发展理念纳入企业战略和管理体系中。

环境规制对企业绿色技术创新的政策工具效应是多方面的，如激励企业采取环保措施、推动技术创新、促进绿色产业的发展、引导企业加强环境管理和监测以及增强企业社会责任意识等。政府应当综合考虑环境规制的效果和影响，不断优化政策措施，进一步发挥环境规制的驱动作用，促进企业绿色技术创新的持续发展。同时，政府还可以加强与企业的交流与合作，形成共建共享的绿色技术创新合力。

## 10.3 碳交易制度驱动企业绿色技术创新的政策工具效应

碳交易制度是指政府设立碳排放权交易市场，通过对碳排放进行定量和交易，以促进企业减排的制度。在碳交易市场中，企业需要购买足够的排放配额，如果企业排放量超过了购买的配额，就需要购买更多的配额或者支付罚款。这种制度可以鼓励企业减少碳排放，推动绿色技术的应用和创新，从而实现碳减排目标。碳交易制度是一种创新的政策工具，可以有效地推动企业进行绿色技术创新。该制度通过对碳排放进行定量和交易，为企业设置减排目标，并鼓励企业在减排过程中采用更环保、更高效的绿色技术。碳交易制度对企业绿色技术创新的政策工具效应主要体现在五个方面。

（1）碳交易制度促使企业采用绿色技术。在碳交易市场中，为了避免实际碳排放量超过所购买的配额，企业需要预先购买足够的碳排放配额。一旦企业的排放量超出了已购买的配额，就需要购买更多的配额或者支付高额罚款。因此，企业为了降低成本和避免罚款，会积极采取措施减少碳排放，例如采用更节能、低碳的生产方式和技术。这种经济激励机制促使企业将绿色技术创新作为减少碳排放的有效手段，从而推动绿色技术的应用和发展。

（2）碳交易制度增加了绿色技术的市场需求。随着碳交易制度的实施，企业需要购买碳排放配额，这增加了企业的运营成本。为了减少碳排放，企业需要寻求更环保、低碳的解决方案，从而增加了绿色技术的市场需求。这种市场需求的增加，为绿色技术发展提供了更广阔的空间，同时也鼓励企业加大对绿色技术的研发和投入，推动绿色技术的不断创新和升级。

（3）碳交易制度激发了企业的创新动力。碳交易制度要求企业在减排过程中不断寻求新的技术和方法，以实现碳排放的减少。为了适应碳交易制度带来的挑战，企业需要不断改进和创新，开发出更先进的环保技术。这种创新动力推动企业加大研发力度，探索新的绿色技术方案，从而提高企业进行技术创新的积极性和效率。同时，为了获得更多的碳排放配额，企业还可能主动寻求碳减排交流，加强与其他企业和机构的合作，形成共建共享的绿色技术创新合力。

（4）碳交易制度促进了绿色技术的快速传播和应用。碳交易制度的实施，使得那些拥有先进绿色技术的企业具有更多的竞争优势。这些企业通过节能减排等措施，可以获得更多的碳排放配额，从而降低运营成本，提高产品竞争力。其他企业为了追求类似的竞争优势，也会积极引进和应用绿色技术，从而促使绿色技术实现快速传播和推广。这种推动效应使得绿色技术在整个产业链上迅速传播和应用，实现了碳减排和环境保护的双赢。

（5）碳交易制度还有助于提升企业的社会形象和品牌价值。企业通过积极参与碳交易，减少碳排放，树立了环保和低碳的企业形象。这有助于提高企业在社会上的声誉和认知度，增强企业的社会责任感和品牌竞争力。同时，消费者对环保和可持续发展的关注度不断提升，选择环保产品和服务的消费者不断增多。企业采用绿色技术，可以满足消费者的环保需求，提高产品附加值，增加市场份额，从而实现品牌价值的提升。

碳交易制度是一种有效的政策工具，可以推动企业的绿色技术创新和碳排放减少。通过为企业提供经济激励、增加绿色技术的市场需求、激发创新动力、促进绿色技术的快速传播和应用以及提升企业的社会形象和品牌价值等，碳交易制度为企业绿色技术创新的发展提供了有力支持。政府应当继续加强碳交易制度的推进和实施，同时配套相关政策，如提供技术支持、研发补贴、环保奖励等，进一步激发企业进行绿色技术创新的积极性和创造力。

## 10.4　研发补贴驱动企业绿色技术创新的政策工具效应

政府可以通过给予企业研发补贴来促进绿色技术创新。绿色技术的研发投入通常较高，而市场回报周期较长，企业可能面临资金短缺的困境。政府可以设立绿色技术研发补贴基金，对符合条件的企业给予资金支持，降低其研发成本，鼓励企业在绿色技术领域进行创新。研发补贴可以提高企业开展绿色技术创新的积极性，推动绿色技术的应用和推广。研发补贴是一种常用的政策工具，可以有效地驱动企业进行绿色技术创新。政府通过提供直接的资金支持，减轻了企业在绿色技术研发方面的负担，促使企业加大研发投入，推动绿色技术的创新和应用。研发补贴对企业绿色技术创新的政策工具效应主要体现在五个方面。

（1）研发补贴提高了企业开展绿色技术创新的积极性。绿色技术的研发投入通常较高，而且市场回报周期较长，企业可能面临较大的资金压力。政府通过设立研发补贴基金，向符合条件的企业提供资金支持，可以降低企业的研发成本，减轻企业的财务负担，从而激发企业进行绿色技术创新的积极性。企业获得研发补贴后，可以更加专注地进行研发工作，提高技术创新的效率和质量。

（2）研发补贴推动了绿色技术的应用和推广。绿色技术的创新通常需要经过一系列的试验，投入较大且风险较高。政府的研发补贴为企业提供了稳定的资金支持，可以帮助企业克服技术创新的困难。通过研发补贴，政府可以引导企业将绿色技术创新转化为实际的生产力，促进绿色技术的商业化和产业化，加速绿色技术的市场普及和应用。

（3）研发补贴促进了绿色技术创新领域的交流与合作。政府在设立研发补贴基金时，通常会制定一系列的申请条件和标准。为了获得补贴资金，企业可能会主动寻求与其他企业、科研机构或高校进行交流与合作，形成技术研发的联合攻关。这种交流与合作有助于优化资源配置，避免重复投入，提高研发效率和质量。同时，通过与其他单位的交流，企业还可以获取更多的技术信息和市场情报，从而拓展绿色技术创新的视野和思路。

（4）研发补贴促进了绿色技术的国际交流与合作。政府设立的研发补贴基金，可以吸引国内外企业和机构参与，推动绿色技术的国际交流与合作。在绿色技术创新领域，国际上存在许多先进的经验和成果，通过获得研发补贴，国内企业可以借鉴和学习国外的绿色技术创新经验，促进技术的跨国流动和交流。同时，国外企业和机构也可以通过参与国内研发项目，将自己的技术和产品推向国内市场，达成双赢的合作局面。

（5）研发补贴有助于提升企业在绿色技术创新领域的竞争力。绿色技术的创新对企业而言是一项长期的战略性投入，需要持续不断地进行研发和改进。政府设立的研发补贴基金，可以为企业提供稳定的资金支持，帮助企业建立长远的技术创新战略，提升企业在绿色技术创新领域的竞争力。企业通过获得研发补贴，可以提高自身的创新能力，增强产品的差异化竞争优势，拓展市场份额，提高市场地位。

通过提供资金支持、推动技术的应用和推广、促进交流与合作、推进国际交流与合作以及提升企业竞争力等，政府的研发补贴对企业的绿色技术创新产生了积极的影响。政府应当继续加大研发补贴政策的实施与推广力度，同时加强对研发补贴项目的监管和评估，确保研发补贴资金的有效利用。此外，政府还可以综合运用其他政策工具，如环境规制、碳交易制度等，形成政策工具的合力，全面推动企业绿色技术创新和可持续发展的进程。

# 10.5　企业绿色技术创新驱动的相关政策工具组合

针对上述驱动企业绿色技术创新的政策工具效应，本书提出四项相关政策工具组合的优化建议。

（1）综合考虑政策工具效应。政府在制定绿色技术创新的政策时，需要充分考虑环境规制、碳交易制度和研发补贴等政策工具的相互配合效应。不同政策工具在不同情境下可能会产生交互影响，需要综合考虑其相互作用，确保政策的一致性和协调性。

（2）增强政策的稳定性和长期性。企业在绿色技术创新方面需要投入较大的资源和精力，因此政府应当确保相关政策的稳定性和长期性。政策的不确定性会影响企业的决策和投入力度，长期的政策支持可以增强企业的信心，从而推动绿色技术创新的持续开展。

（3）引导创新方向和市场导向。政府在引导企业绿色技术创新时，可以设立一些目标导向型的奖励机制，鼓励企业在关键领域进行技术攻关和创新。同时，政府应当加强与企业和市场的沟通，了解市场需求和绿色技术的应用前景，确保技术创新的方向与市场需求相契合。

（4）强化监督与评估。政府在推动企业绿色技术创新的过程中，应当加强对政策执行情况的监督和评估。为了保障政策的科学性，有关部门需要对政策的实施效果进行定期的评估与审查，并根据评估结果对政策进行及时调整和优化。

# 11 环境规制、技术创新与百色试验区高质量发展

## 11.1 百色试验区的高质量发展

百色试验区的高质量发展是一种在经济发展过程中注重质量、可持续性和综合效益的发展模式。在这个过程中，环境规制和技术创新之间有着紧密的逻辑关系，对于实现高质量发展至关重要。百色试验区的高质量发展是中国经济发展的重要战略目标之一。随着中国经济的快速增长，环境问题日益凸显，对资源的压力不断增加，迫使政府和企业寻求一种更加可持续的发展道路。高质量发展强调经济增长与环境保护的有机结合，注重质量、可持续性和综合效益，对百色试验区而言尤为重要。

环境规制是政府引导企业合理利用资源、减少排放、保护生态环境的重要手段。政府在这一领域的积极作用是至关重要的，它需要确立严格的环境法规和标准，明确企业的环保责任和义务，并且加大环境监管和执法力度，确保环境规制政策的有效实施。例如，对于涉及大规模土地开发的项目，政府可以规定企业必须进行环境影响评价，明确项目对环境的潜在影响，并要求企业采取必要的环保措施，以减少对自然环境的损害。此外，政府还可以采取税收和金融政策激励措施，鼓励企业进行环保技术的研发和应用，推动企业在环保方面取得突破性进展。

技术创新在高质量发展中同样扮演着至关重要的角色。技术创新是推动经济增长的主要动力之一。在百色试验区的高质量发展中，技术创新是实现资源高效利用、环境友好型产业升级的核心要素。在全球科技日新月

异的今天，新兴技术不断涌现，如人工智能、互联网、物联网等，这些技术都可以应用于环保领域，推动产业的绿色发展。例如，智能制造技术可以提高生产过程中的自动化程度和资源利用效率，减少能源消耗和废弃物排放；物联网技术可以实现对环境参数的实时监测并进行数据分析，帮助企业更加精准地进行环保管理和决策。技术创新不仅可以提高企业的竞争力，还可以降低企业的生产成本，为高质量发展提供强有力的支撑。

环境规制与技术创新之间的关系是相辅相成的。严格的环境规制可以激励技术创新，引导企业向环保方向发展。同时，技术创新也为环境规制提供支持，使其在实施过程中更加科学、有效。环境规制与技术创新之间还可以形成一个正向循环，相互促进，不断推动百色试验区的高质量发展。然而，在实践中，也可能面临一些挑战。

环境规制和技术创新在某些情况下可能会产生"矛盾"。严格的环境规制可能会增加企业的生产成本，抑制其进行技术创新的积极性。特别是对于一些中小企业而言，投入大量资金用于环保设施建设可能会限制其在技术创新方面的投入。因此，政府在制定环境规制政策时，需要充分考虑企业的实际情况，并为其提供相应的支持和激励措施，鼓励企业进行技术创新和环保投入。

环境规制和技术创新的有效性和协调性也需要得到进一步提升。环境规制的执行需要相关执法部门的有效监管。如果不严格执行环境规制，企业可能会忽视环保问题，造成环境污染。此外，技术创新的方向和重点也需要与环境规制相适应，不能出现技术发展与环保要求相背离的情况。因此，各相关部门要加强协调与合作，形成一体化的发展战略和政策。

公众参与和舆论监督在环境规制与技术创新中也起着重要的作用。公众对于环保问题的关注度不断增加，舆论监督的力量也在不断增强。政府和企业需要充分倾听公众的声音，加强与公众的沟通和互动，确保环境规制和技术创新的过程是透明的、民主的，能够得到广泛的社会认可和支持。

百色试验区的高质量发展需要在经济增长和环境保护之间取得平衡。环境规制和技术创新是实现这一目标的重要手段，它们之间形成了一种相互促进、相辅相成的关系。政府在制定环境规制政策时，需要充分考虑企业的实际情况，提供相应的支持和激励措施，鼓励企业进行技术创新。同时，政府还需要加大对环境规制的监管和执行力度，确保规制的有效性和协调性。公众参与和舆论监督也是推动高质量发展的重要因素，政府和企业需要充分倾听公众的声音，与公众进行有效沟通，共同推动百色试验区迈向更加绿色、可持续的发展道路。通过环境规制和技术创新的不断优化与融合，百色试验区的高质量发展定能取得更加显著的成果，并期望为全国其他地区提供宝贵的经验和借鉴。

## 11.2  环境规制激励技术创新

严格的环境规制对企业而言是一种压力，要求企业在生产经营过程中必须遵守更严格的环保法规和标准。企业为了达到或超越这些规定，必须不断地寻求更环保的生产方式和技术解决方案。在此过程中，可能会涌现出一批符合环保要求的新技术、新产品和新工艺，这些技术创新不仅帮助企业实现了环保目标，还提高了企业的竞争力，推动了产业结构的转型和升级。

环境规制为技术创新提供了市场需求。严格的环境规制意味着市场对环保技术和产品的需求增加。环保技术和清洁生产方式变得更受欢迎，企业愿意投入更多资源来开发和应用这些技术。市场的需求促进了环保技术的商业化，提高了企业进行技术创新的积极性。因此，环境规制对技术创新的推动作用通过市场机制进一步加强。

严格的环境规制促进了环保产业的发展。环保产业是与环境保护密切相关的产业，包括清洁能源、环保装备、废弃物处理等。在环境规制的推动下，环保产业获得了快速发展的机遇。企业投入更多资源进行环保技术创新，新兴的环保企业涌现，满足了市场对环保产品和服务的需求，促进了环保产业的发展和壮大。

严格的环境规制推动了资源的有效利用。在环境规制的压力下，企业需要降低其生产活动对环境的负面影响，包括减少资源的消耗和浪费。为了实现这一目标，企业在生产过程中不断探索资源高效利用的方法，推动了资源技术的创新。循环技术、废物资源化利用技术等得到广泛应用，有效地提高了资源利用效率。

严格的环境规制改变了企业的经营理念和文化。环境规制要求企业转变发展模式，由以追求短期利润为主转向更注重长期可持续发展。这种转变促使企业更加重视技术创新和绿色发展，注重企业的社会责任和形象。企业文化逐渐与环保理念融为一体，形成了积极向上的企业发展氛围。

然而，严格的环境规制也可能带来一些挑战。首先，一些企业可能面临技术和资金方面的压力。符合环境规制的技术和设备可能需要较大的投入，一些中小企业可能难以承担这种成本，导致它们难以跟上技术创新的步伐。政府需要对中小企业提供相应的政策支持和资金扶持，帮助它们逐步符合环境规制。其次，环境规制需要有效的监管和执法机制。如果环保法规执行不严格，一些企业可能会忽视环保要求，影响到环境保护效果。政府需要加大监管力度，确保环境规制的有效执行。同时，政府还需要鼓励企业加大环保投入，形成共建共治共享的环保格局。

严格的环境规制推动了企业进行技术创新，培育了环保产业的发展，推动了资源的有效利用，促使企业转变经营理念和文化。然而，环境规制也可能带来一些挑战，需要政府和企业共同努力，建立健全的政策和执法机制，确保环境规制和技术创新取得实质性的成果，实现高质量发展目标。广西百色试验区在环境规制与技术创新的积极作用下，必将迈向更加绿色、可持续的未来。

## 11.3 技术创新带动环境规制升级

技术创新带来的新兴产业、新型产品和新型生产方式可能会超出现有环境规制的范畴。此时，环境规制需要进行相应的升级，以适应新的技术和产业发展，确保新技术的应用和推广符合环境可持续性的要求。例如，电动汽车技术的发展催生了对汽车排放更严格的环境规制，以推动汽车产业向更环保的方向转型。技术创新带动环境规制升级是在现代社会中普遍存在的现象。

技术创新可能带来新的环境挑战。新兴产业和产品可能在生产、使用和废弃过程中对环境产生新的影响，这些影响可能在现有环境规制范围之外。例如，随着互联网、人工智能和物联网等技术的快速发展，智能家居、智能城市等新兴产业不断涌现，这些新技术和新产品可能会对能源、资源和环境产生新的挑战。此时，环境规制需要进行及时升级，对这些新产业和新技术进行合理监管和引导，以避免其对环境可能带来的负面影响。

技术创新可能使传统产业向更环保的方向转型。随着新技术的应用，传统产业可能面临市场竞争的压力，需要加快转型升级，以适应新的市场需求和环保要求。例如，随着电动汽车技术的发展，传统燃油汽车可能会受到冲击，汽车产业的发展将不得不转向电动化、智能化和绿色化。在这个过程中，环境规制需要相应升级，以推动汽车产业向更环保的方向发展，加快电动汽车的推广和普及，并规范相关产业链的发展，确保整个产业的可持续发展。

技术创新也可能催生对环境法律法规的重新审视。新技术的应用可能涉及一些传统法律法规无法覆盖的领域，因此需要对现有法律法规进行修订或制定新的法律法规，以适应新技术和产业的发展。例如，人工智能技术的广泛应用可能涉及隐私保护、数据安全等方面的问题，有关部门需要制定相应的法律法规来规范相关行为。这也是环境规制升级的一个重要方面，为了保护环境和公众利益，有关部门必须及时修订相关法律法规，确保环境保护与技术创新之间的协调发展。

技术创新也可能增强环境监管的能力。随着环境监测、数据分析和信息共享等技术不断发展，环境监管部门可以更加高效地获取环境数据和信息，从而对环境状况进行实时监测和评估。这有助于提高环境监管的精准度和时效性，加强对企业破坏环境的行为进行监督和处罚，确保环境规制的执行效果。

技术创新在促使环境规制升级时，也可能面临一些挑战。

技术创新的速度往往较快，而环境规制的制定和修改往往相对缓慢。因此，环境规制可能滞后于技术创新，导致一些新技术和产业在应用过程中缺乏相应的监管和指导，可能产生环境风险。政府需要加强与科研机构和企业的合作，及时了解新技术的发展动态，并积极修订相关的法律法规。

技术创新可能带来不同领域之间的交叉与融合，导致环境规制变得更加复杂和多样化。传统的环境规制可能无法全面涵盖交叉领域的问题，因此，政府需要在环境规制的制定过程中加强跨部门和跨领域的协调与合作，建立更加灵活的环境规制机制，以适应不同技术和产业的发展需求。

技术创新也需要适度引导和规范。虽然技术创新带来的发展机遇是不可忽视的，但也必须警惕一些技术可能带来的潜在风险和负面影响。政府需要加强对新技术的评估，确保新技术的应用不会对环境和公众健康造成严重影响。在技术创新和环境规制的共同推动下，广西百色试验区将迎来更加绿色、可持续的高质量发展。只有通过技术创新和环境规制的双重力量，才能实现经济发展与生态保护的良性互动，走向绿色、可持续的未来。

## 11.4　环境规制与技术创新相互促进

环境规制与技术创新之间存在一种相互促进的循环关系。严格的环境规制可以鼓励技术创新，而技术创新又为更加严格的环境规制提供支持。随着技术创新的进一步推进，环境规制也会不断加强，形成一个良性循环的发展格局。

严格的环境规制可以鼓励技术创新。当政府制定和执行严格的环境法规和标准时，企业为了遵守这些规定，必须采取更环保、更高效的生产方式和技术。这种压力迫使企业加大研发投入，寻求更先进、更符合环保要求的技术解决方案，不断推动清洁生产技术、循环技术、低碳技术等的应用和发展。同时，环境规制还为环保产业的兴起提供了市场需求，为技术创新提供了更广阔的应用空间。

技术创新为更加严格的环境规制提供支持。随着技术的不断进步，新的环保技术不断涌现，使得环保治理手段更加高效和精确。这些新技术使得环境污染的监测、排放的控制和废物的处理更加便捷，提高了环境规制的执行效率。例如，先进的污染治理技术可以有效减少排放量，帮助企业更好地达到环保法规的要求。此外，技术创新也为环境监管提供了更多手段，如环境大数据、人工智能等技术的应用可以实现对环境状况的实时监测和预警，提升了政府的环境监管能力。

环境规制与技术创新相互促进的循环关系对于实现高质量发展至关重

要。它们相互依存、相辅相成，形成了一个良性的发展格局。政府在制定环境规制政策时，应充分考虑到技术创新的推动作用，为技术创新提供更加宽松的政策环境。同时，政府还需要加强对技术创新的引导和规范，以确保其发展方向与环保目标相一致。在技术创新的支持下，环境规制不断完善和强化，确保环保措施的有效实施和环境质量的持续提升。

此外，政府与企业、科研机构以及社会各界应加强合作，形成多方联动的合力。政府可以鼓励企业加大环保技术研发投入，并为其提供相应的奖励和补贴，推动环保技术的创新和应用。同时，政府还可以加强与科研机构的合作，促进科技成果的应用和转化，使环保科技创新更加贴近市场需求，共同推动环保事业的发展。

值得注意的是，环境规制和技术创新的相互促进也面临一些挑战。首先，政府在制定环境规制政策时需要权衡各方利益，确保环境规制的科学性和可操作性。过于严格的环境规制可能对企业发展产生负面影响，抑制企业的创新积极性。其次，技术创新需要良好的创新生态和市场环境，政府需要营造良好的创新氛围，加强知识产权保护和技术转移，以吸引更多企业和机构投身于环保科技的创新中。


# 11.5　环境规制引导技术创新方向


环境规制在一定程度上也会引导技术创新的方向。政府通过设定环境标准、提供环境奖励或补贴等手段，鼓励企业和科研机构将技术创新的重点放在环保领域。这有助于推动环保技术的发展和应用，促进产业转型和升级，进而实现高质量发展。

政府设定环境标准是引导技术创新的重要手段之一，是对企业在生产经营过程中排放和处理污染物的要求，是环境规制的重要内容。政府可以根据环境保护的需要，设定更严格的环境标准，对企业的生产行为进行规范和限制。企业为了达到这些标准，需要不断进行技术创新，开发更先进、更高效的环保技术。例如，政府可以设定更严格的大气排放标准，促使汽车制造商开发更清洁、高效的车辆动力技术，推动汽车产业向电动化、智能化方向发展。

政府通过提供环境奖励或补贴来鼓励技术创新。政府可以设立环保科技创新奖励基金，对在环保领域取得重大技术突破的企业和科研机构给予奖励和资金支持。这种奖励机制可以激发企业和科研机构的积极性，促使它们将更多精力和资源投入到环保技术的研发和创新中。同时，政府还可以给予环保技术的研发和应用以税收优惠或贷款支持，降低企业的创新成本，推动环保技术的商业化发展和推广应用。

政府可以加强对环保产业的政策扶持，推动技术创新的集聚和转化。环保产业是与环境保护密切相关的产业，包括清洁能源、环保装备、废弃物处理等。政府可以出台相关政策，鼓励企业和科研机构在环保产业中进行技术创新和创业，推动环保产业的发展和壮大。例如，为了推动环保产业的创新与发展，政府可以设立专门的环保产业创新基金，从而助力这些企业快速成长并推动整个环保产业的进步。

此外，政府还可以加强对环保技术创新的引导和规范，确保其发展方向与环保目标相一致。政府可以设立专门的环保技术评估机构，对环保技术进行科学评估，推动环保技术的优胜劣汰，避免不成熟的技术被过度推广。同时，政府还可以加强知识产权保护，鼓励企业和科研机构进行自主创新，保护他们的技术成果和知识产权，促进环保技术的创新和推广。

政府在设定环境标准和提供奖励补贴时，要综合考虑环保需求、技术可行性和市场适应性，确保技术创新与环保目标相协调。同时，为了实现技术创新与可持续发展的目标，政府应积极与企业、科研机构以及社会各界深化合作关系，共同构建一个开放、多元、协同的技术创新生态系统。政府在环境规制中的引导作用是企业和科研机构进行技术创新的重要推动力，只有通过政府和社会的共同努力，才能实现经济发展和环境保护的双赢。百色试验区在环境规制和技术创新的双重引导下，必将迎来更加绿色、可持续的发展。

# 12 百色试验区高质量发展的环境规制提升策略

人类社会绿色发展的根本基础是拥有一个优良的生态环境。当前，不管是从国家的角度还是从群众角度来看，环境的保护、生活质量的提高对于经济增长都具有关键性的作用。因此，协调好经济增长与环境规制之间的矛盾至关重要。经过实证研究发现，从整体层面来看，对于经济增长而言，环境规制的消极影响并不明显；从区域层面来看，地区不同，环境规制的强弱对经济增长的影响也不同。此外，资金、人力以及对外开放水平等因素也对环境规制与经济增长的关系产生着重要影响。基于此，本书认为合理适宜的环境规制能够在一定程度上对经济增长产生积极影响。

## 12.1 整体方针

### 12.1.1 转方式、调结构，践行绿色发展

经济迅速增长，带来了水污染、空气污染、土壤污染等环境问题，这表明现有的经济发展方式对环境的危害较大，亟须调整。百色市政府应从绿色发展的角度出发，树立正确的政绩观——环境保护和经济提升两手抓，先重点建设公共基础设施、提高环境质量、提升教研人员的科技水平，从而实现经济绿色可持续发展的目标。

具有资源优势的产业要推动其产业结构转型升级，并通过提升资源分配效率来加快升级的步伐，进一步为环境的改善和经济的提升铺路。因

此，百色市政府应当密切关注产业结构升级和经济提升问题，这是当前乃至未来很长一段时间内的工作重点，对于不合理的、单一的产业结构要不断进行转型升级，尽早淘汰落后产能，发展多元化的产业，调整产业结构，对于环境友好型产业、服务业等产业，要重点培育和发展。

### 12.1.2 健全环境保护政策，革新政府的考评机制

在"竞次效应"的影响下，政府把环境标准一降再降，以此来换取市场竞争的绝对高地，导致企业之间的环境竞次更加激烈，生态环境面临更加严峻的挑战。当前，我国正处在经济转型的关键时期，伴随竞次策略而来的消极影响不容低估，甚至影响到了经济的绿色发展，所以跳出竞次的包围圈，向竞优迈进，这是发展趋势。因此，百色市必须完善经济增长的评价标准，将环境保护与经济增长作为需要共同考虑的因素，制定出具有可行性和持续性的考评标准，为百色试验区的发展提供目标和方向。

一是要落实可持续发展战略，建设生态文明城市，遵循环境保护和经济增长均衡发展的原则，以环境污染的前期防治为基础，扼杀环境污染的源头，并对在环境治理过程中产生的不可避免的污染进行综合整治。

二是在平衡经济增长和环境保护的过程中，政府应当增强决策的科学性和合理性。单一重视一个方面而忽视另一个方面的方法是不可取的。从现有经济水平和环境综合水平来看，要适当调整经济的增长速度，积极地对高能耗、高污染产业导致的环境污染进行治理，从而改善生态环境。

三是百色市政府在促进经济发展的同时，必须对环境影响考评制度进行不断完善。创立并逐步完善社会评价体制，广泛地听取公众在这些重大问题上的意见和看法，提高公众的环保意识，重视保护人们的生活环境。

### 12.1.3 扩大对外开放程度，注重资本积累

一是贯彻落实对外开放政策，扩大对外开放程度，这对于环境规制促进经济增长具有积极影响。百色试验区的对外依存度不高，因此更应该注重提升对外开放水平。全球产业梯度转移的速度不断加快，在对外开放的道路上，百色市要避免牺牲环境来换取经济利益，承接一些低端的污染产业，不能沦为发达国家的"污染避难所"。因此，在扩大对外开放程度的同时，要注重地区环境保护与经济增长的协调发展，提倡发展与绿色产

品、绿色清洁技术相关的进出口商贸。

二是要注重资本的积累，要特别关注人力资本的使用与积累。经济增长的重要因素之一是拥有高技能、高水平、高素质的劳动人员，劳动人员技能水平和素质的提升需要通过职业培训和教育。当前，百色试验区的人力资本积累尚未跨越门槛值，这在很大程度上导致百色试验区的环境规制没有形成推动经济发展的人力资源条件。因此，百色市理应抓好各类教育，提升办学质量，营造良好的就业氛围，吸引高质量人才，并留住人才，进而促进人力资本的积累，提升人力资源的效能与配置。

三是百色试验区应当加快改变科技创新资本投入少、科学技术水平相对低的局面，追求技术进步，并将科学技术转化成经济效益，从而推动地区的经济发展。百色试验区要坚持走科技创新的道路，政府与企业要积极建设充满科技创新氛围的大环境，对试验区内的科技产业项目给予最大的支持，实现技术创新，培育和壮大绿色科技产业。此外，要提倡企业不断革新技术，创新产品，争取用更少的成本生产出更多的环境友好型产品。政府要不断完善科技创新体系，建立综合服务平台，为企业技术创新提供服务，提高企业科学技术水平，为技术创新创造新条件，并不断追求科技的绿色创新，不断开拓新渠道，加快环保领域的技术进步。

## 12.2 策略方向

百色试验区环境规制的提升策略需要综合考虑当地的经济发展状况、环境问题和产业结构，以确保环保目标的实现，促进经济的可持续发展。

### 12.2.1 制定严格的环境法规与政策

百色市应制定全面覆盖各个行业和领域的环境法规与政策，明确排放标准、减排目标和处罚措施。这将向企业提出明确的环保要求，促使企业主动采取减排措施。在制定环境法规和政策时，需要充分考虑当地的自然资源状况、产业结构以及环境问题，确保其可行性和有效性。

首先，制定明确的排放标准是环境法规的重要组成部分。根据不同行业和领域的特点，针对主要的污染物设定相应的排放限值，要求企业在生产过程中控制排放，确保污染物排放量不超过规定的标准。同时，针对特定的排放源，可以制定特殊的排放标准，从而更有针对性地推动企业减排。

其次，设定减排目标是环境政策的重要内容。百色试验区可以设定长期的减排目标，如减少特定污染物排放量的百分比，或提高可再生能源的比例等。同时，也可以制定短期的年度减排计划，以监测和评估减排效果。政府可以与企业签订减排协议，鼓励企业主动采取减排措施，落实减排目标。

再次，建立严格的处罚措施对于环境法规的有效执行至关重要。政府可以设立专门的环境执法机构，加强对企业的监管和检查，发现违规排放行为及时进行处罚。处罚的力度应该具有威慑作用，以确保企业严格遵守环保法规。

最后，环境法规和政策的制定应该充分考虑公众参与和透明度。政府可以通过听证会、征求意见等方式，征求社会各界对环保法规和政策制定的意见和建议，增加公众对环保决策的参与度和认可度。同时，及时向公众公布环保执法结果和排污情况，增加环保执法的透明度，提高政府的责任感。通过制定严格的环境法规与政策，百色试验区可以向企业提出明确的环保要求，促使企业主动采取减排措施。同时，政府的监管和处罚措施也将有效推动企业严格遵守环保法规，确保环保目标的实现。

### 12.2.2 鼓励技术创新与应用

支持企业在环保领域进行技术研发和创新，推广先进的环保技术和清洁生产工艺。政府可以通过提供研发经费、税收优惠和技术咨询等支持，激励企业投入更多资源用于环保技术的开发与应用。技术创新可以为企业减少排放、提高资源利用率提供有效手段，同时也有助于推动环保产业的发展。

政府可以提供研发经费和奖励，鼓励企业在环保领域开展技术研发工作；设立专项资金用于支持环保技术的研究和开发，在推动环保技术发展方面，积极引导企业加大资源投入，特别是在环保技术的研发与应用上。此外，为了激励更多的创新行为，政府应设立技术创新奖项，专门表彰那些在环保领域实现重大创新突破的企业，从而有效激发它们的创新热情和技术研发的积极性。

政府可以为环保技术的推广提供税收优惠政策。对于采用环保技术的企业，可以给予其税收减免或者税收抵扣的优惠政策，从而降低企业的生产成本，推动环保技术的广泛应用。

技术咨询和培训是推广环保技术的关键环节。政府可以设立技术咨询中心，为企业提供环保技术的咨询和指导。同时，开展环保技术培训，提高企业员工的技术水平和环保意识，推动环保技术在企业中的应用。此外，政府还可以加强与科研院校和研究机构的合作，共同开展环保技术研究；建立产学研合作平台，促进科研成果向实际应用转化，加速环保技术的推广和应用。

百色试验区可以通过鼓励技术创新与应用，推动环保技术的发展，为企业减少排放、提高资源利用率提供有效手段，实现环保和经济发展的双赢。

### 12.2.3 推动产业转型升级

百色试验区应引导企业逐步转向发展绿色、低碳产业，发展清洁能源、循环经济和绿色经济等，这是提升环境规制的重要策略。产业转型升级可以有效减少污染排放，降低资源消耗，实现经济的可持续发展。

政府可以提供优惠政策和资金支持，鼓励企业进行产业转型。对于符合环保要求的企业，可以给予税收减免或者补贴支持，以降低企业的生产成本。同时，设立专项资金用于支持绿色产业和清洁技术的发展，推动相关领域的投资和创新；建立绿色供应链体系，促进产业链上的企业共同推进绿色生产。政府还可以鼓励企业与上下游企业建立环保合作伙伴关系，共同推动环保技术和资源的共享；建立绿色供应链认证机制，鼓励企业优先选择环保产品和环保供应商，推动整个产业链向绿色方向转型。

开展技术交流和示范工程，推广先进的环保技术和清洁生产工艺。政府可以设立绿色示范园区，邀请具有先进环保技术的企业入驻，向其他企业展示环保的最佳实践。同时，开展绿色技术交流会和展览活动，促进环保技术的传播和推广。此外，政府还可以引导企业加强环保责任和社会责任，推动企业形成环保文化；开展绿色企业评选活动并提供环保奖励，激励企业在环保方面表现优秀，树立榜样，促进整个产业的绿色发展。

通过推动产业转型升级，百色试验区可以逐步实现经济结构的优化和升级，从而推动绿色、低碳产业的发展，减少污染排放，降低资源消耗，实现经济发展和环境保护的双赢。

### 12.2.4 鼓励企业自愿参与碳减排与碳交易

推动企业参与排污权交易，并鼓励企业自愿采取减排措施，以实现额外减排并获得相应的碳减排认证，是百色试验区提升环境规制的重要策略。这一举措将为企业提供更多的碳减排选择，同时激励企业主动采取环保措施，实现经济发展与环境保护的双赢。

建立碳交易市场是鼓励企业减排的关键举措。政府可以设立碳交易平台，将排放权看作一种可交易的资源，鼓励企业自主购买和出售排放权。企业可以根据自身的减排能力和成本情况，自愿选择购买排放权或者减少排放。同时，政府可以设定逐年递减的碳排放目标，激励企业积极参与碳交易市场，推动整个市场的健康发展。

为鼓励企业自愿减排，政府还可以设立碳减排认证机制。企业可以自愿参加减排认证，证明其实际减排量，并获得相应的认证证书。这些认证证书可以作为企业的减排资产，用于参与碳交易市场，或者作为企业社会责任的体现，提升企业的形象和品牌价值。同时，政府可以为自愿减排的企业提供奖励和税收优惠政策。对于减排成绩显著的企业，可以给予奖励和荣誉称号，从而激励更多企业参与环保行动。

百色试验区通过鼓励企业自愿参与碳减排和碳交易，可以有效提高企业的环保主动性，推动企业采取更多减排措施，实现经济增长与环境保护的协调发展。

### 12.2.5 强化环境执法与处罚

加大对环境违法行为的执法力度，严厉打击违规排放和污染行为，对不符合环保要求的企业进行罚款和停产整顿，是百色试验区完善环境规制的关键措施。这将有效遏制企业的违法行为，形成有力的震慑效应，提高企业的环保意识和自我约束。

政府应当设立专门的环境执法部门，加强对企业的监管和检查。通过定期巡查和抽查，及时发现企业的环境违法行为，并进行处罚和纠正，确保环保法规的有效执行。对于排放超标、未经许可擅自建设和污染环境等行为，政府可以依法予以罚款，并对严重违法行为采取停产整顿措施，直至问题得到解决。为了确保法律的有效执行，并形成足够的威慑力，对于违法行为的处罚力度应当与其实际造成的严重程度相对应。

加强环境违法行为的信息公开和社会监督。政府应当及时向社会公布环境执法的结果和处罚情况，增加环境执法的透明度。同时，鼓励公众对环境违法行为进行举报，对于经过核实的举报，及时采取措施进行处罚。通过强化环境执法与处罚，百色试验区可以形成有力的震慑效应，提高企业的环保意识和自我约束。同时，加强环境执法的社会监督，增加环境执法的透明度和公正性，可以提高公众对环保行动的满意度和信任度。

### 12.2.6　加强区域合作与共治

环境问题常常是跨区域性的，百色试验区可以与周边地区建立合作机制，共同推进区域环保治理；可以成立联合工作组，共同制定环境保护计划和应对措施，实现资源的共享和优势互补。

建立区域联防联控机制，加强环境信息的共享和交流。百色试验区可以与周边城市签订环保合作协议，设立联防联控工作组，定期召开联席会议，共同研究解决区域环境问题。通过共享环境数据和信息，及时发现问题，共同制定应对措施，形成合力来治理区域环境。开展联合环境监测和评估，建立区域性的环境监测网络，实时监测环境污染状况，形成环境评估报告。通过联合监测和评估，可以全面了解区域环境状况，为环保决策提供科学依据。

共同开展环保项目和科技合作。百色试验区可以与周边地区合作开展环保项目，共同解决区域性的环境问题。同时，可以联合开展环保科技研发，推广先进的环保技术和清洁生产工艺，实现技术的共享和创新。通过加强区域合作与共治，百色试验区可以形成联防联控的合力，从而共同推进区域环保治理。区域间的资源共享和优势互补，可以提高环保效率和成效，实现更大范围的环保成果。同时，区域合作还可以增强对环保问题的共识和认知，促进区域间的互信与合作，实现共赢。

总体而言，百色试验区应该采取综合性、多层次的策略来提升环境规制水平。政府、企业和公众都应该共同参与，形成合力，确保经济的持续发展和环境的良性循环。只有在环保与经济发展相辅相成的基础上，百色试验区才能实现可持续发展的目标。

## 12.3　水污染治理对策

水污染治理是一项极为庞大且复杂的系统性工程。一旦水体遭受污染，其恢复过程往往需要漫长的时间。面对生态系统逐渐退化和环境污染日益严重的问题，国家积极倡导生态文明建设的理念，并鼓励社会各界共同走上绿色、可持续的发展道路。在此背景下，地方政府、水利部门以及自治区政府都在积极采取措施以应对水污染问题。例如，通过开展水生态文明城市建设的试点工作，为广西的水生态文明建设提供了宝贵的实践经验；加大对入河排污口的监管力度，确保所有经过批准的排污口都得到全程的监测和管理；加大对饮用水源地的保护力度，实施多项水源保护工程项目。尽管这些措施在一定程度上取得了积极成效，但当前的生态形势依然严峻。随着城镇化进程的加快和城市人口的持续增长，水污染治理工作面临前所未有的挑战。水资源的保护和治理不仅关乎人民的福祉，更是社会各界共同的责任和使命。因此，百色市政府应紧密结合试验区的实际情况，构建一个以政府为主导、多元参与的水资源保护与治理体系，从而有效动员社会、企业和公众广泛参与水资源保护与治理工作，形成全社会共同关注、共同参与的良好局面。

### 12.3.1　建立以政府为主导的水污染治理体制

无论是在哪个国家，也无论国家的经济发展水平如何，政府在水污染治理中都占据主导地位。政府的管理具有合法性，在解决水污染问题时，一个高效率的政府必须能够科学地应对各种危机带来的考验。为了更有效地应对水污染治理的挑战，百色试验区应建立一个多元化的治理体制，并由政府、社会、市场和公众共同参与，形成合力，共同推进水污染治理工作。但必须坚持以政府为主导，也就是说政府的主导地位不能变，政府相对于其他的治理主体来说具有绝对的资源优势。

1. 树立正确的政绩观与发展观

第一，实施环境责任终身追责制。百色市是一个正处于发展中的城市，在经济不断发展的同时，还应重视生态环境的保护。因此，有关部门应积极落实"决策者负责制"，必须让有关工作人员成为水污染事件的负责主体，从而引导工作人员树立正确的政绩观。第二，政府绩效考核体系中应纳入水资源管理与保护的评估指标，以全面衡量工作绩效。因此，有关部门应成立专门的考核工作小组，负责对各级水资源管理与保护工作的实施情况进行严格审查，并向各级人民政府反馈具体审核结果，确保"三条红线"管理制度得到有效执行。此外，对于涉及水资源利用的项目，应严格审查其准入条件，确保项目符合水资源保护的要求，从源头上控制水污染风险。严格的、科学的环境评审制度要建立起来，对于投资项目必须客观、严谨，支持环境友好型的投资项目，走绿色发展之路，将目光放长远。

2. 完善法律法规，加大治污的处罚力度

法律是制度保障的重要组成部分，能够对造成水资源污染的行为起到显著的威慑作用。在制度上要建立健全法律法规体系，争取在源头上遏制水资源的破坏行为。当前，关于水资源保护与管理的核心法律法规主要有《中华人民共和国水污染防治法》和《中华人民共和国水法》。然而，随着时代的发展和水资源污染形势的变化，有关部门需要对现行法律法规进行及时的修订和完善，以确保其适应新形势下的实际需求。各地方政府应根据当地具体情况，加快制定和实施地方性法规，明确划定水源保护区、重要水功能区以及脆弱环境区等关键治理区域。同时，应详细规定水污染治理的具体措施和违法行为的法律责任，科学制定水质标准和排放技术标准，从而提高法律条文的实用性和可操作性。在执法机制方面，法律的权威主要通过其有效实施来体现。针对当前存在的部门分割和执行不力等问题，为防止地方政府对执法职能的干预，应进一步扩大水资源保护部门和环保部门的职权范围，增强其在污染治理方面的独立性和权威性。对于违法排污行为，必须采取严厉措施，确保法律的严格执行和违法必究。此外，司法机关在水污染管理控制中发挥着重要作用，应加大对违法排污行为的处罚力度，以遏制违法行为的发生。可以借鉴 20 世纪 70 年代美国的水污染控制经验，实施"按日计罚"制度，并根据违法行为的严重程度确定相应的处罚力度。随着民事公民诉讼制度的建立，公众在因水污染受到损害时，有权向法院提起诉讼，维护自身权益。当环境保护部门出现懒政行为，不处罚环境违法行为时，公众有对其不作为进行起诉的权利。

3. 管理型政府转变为服务型政府

随着经济社会的不断发展，传统的管理型政府模式逐渐面临诸多困境。这种以政府为中心的管理模式已经难以适应当前复杂多变的经济环境，更无法与全球化的时代步伐保持同步。因此，政府职能的转变势在必行。

"管理型政府"转变为"服务型政府"成为一种必然的趋势。在这一转变过程中，精减政府机构、下放经营权力给企业成为重要举措。同时，政府应积极倡导并鼓励群众主动参与社会公共事务的管理，为公民在民主社会中提供更多的自由发挥空间，从而增强公众的社会参与感和归属感。

服务型政府的核心在于服务。政府应始终以满足人民需求为出发点和落脚点，不断提升服务质量和效率，为社会的进步和发展奠定坚实的基础。在新时代背景下，其重要性和紧迫性愈发凸显，政府为社会及社会主体服务，归根结底是为人民群众服务，但至今理念转型还未全面达成。要想使服务型政府适应社会、经济发展，关键在于明确并协调各方主体的责任与义务。政府应逐步将重心转向经济协调、市场监管、社会管理以及公共服务等领域，同时积极倡导并鼓励社会组织与公民主动参与公共事务的管理。这不仅是政府为人民服务的宗旨的切实体现，也是实现这一目标必须做出的努力。

要从"管理型政府"成功转型为"服务型政府"，首要的任务是完成思想上的转变。这包括解放人民群众的思想束缚，加强对公务人员的培训和教育，使建设服务型政府的理念深入人心。同时，政府需要逐步全面地转型为"服务型政府"，将自身的角色从"掌舵者"转变为"护航者"，为人民群众参与公共事务管理提供支持和保障，使他们成为历史的创造者。在这一过程中，治理理念的转变将在潜移默化中得以实现。

### 12.3.2　积极发挥市场机制的调节作用

1. 加强企业社会责任

责任与权力同行。在以政府为主导的企业运营体制中，权力的过度行使可能会限制企业的发展自主性，进而影响企业家们承担责任、讲究道德的自主意识和自律精神的培养。因此，政府在引导企业承担社会责任时，必须恪守相应原则，确保不超越企业的职权限度。同时，政府在加强企业社会责任方面应发挥主导作用，对于在行业内不承担社会责任、不合理排污和拒绝执行处罚的相关企业，应将其信息进行公开，以此达到约束和监督相应企业的行为的目的。为推动企业在发展经济的同时兼顾环境保护的责任，政府首先要为民营企业的生产行为制定一定的标准，督促相关企业建设污水处理厂，从根本上解决污染问题，减少污水的排出；同时建立相关的激励机制，对在水环境保护方面作出杰出贡献的民营企业进行公开表彰和嘉奖，以此鼓励更多的企业积极参与水环境保护。同时也要让企业享受到实际性的奖励，如有利于企业绿色发展的政策支持、适当减税、放宽信贷等。

2. 严控总量，探索排污权交易二级市场

排污权交易的核心在于确立明确的排污总量，并在此基础上将排污权视作商品在市场上进行买卖，从而达到降低排放量的目的。排污权市场分为两级：一级市场涉及政府与排污企业之间的交易，政府通过有偿方式向排污企业分配排污权；二级市场则是在排污企业之间，以市场机制为主导。当企业面临较大的排污需求时，可以在二级市场上购买所需的排污权；相反，若企业在生产过程中实现了排污量的减少并有剩余的排污指标，便可以在二级市场上出售并获得经济补偿。这种机制不仅降低了污水治理的成本，而且当治理费用低于排污权价格时，还能有效激发企业主动治污的积极性。作为一个相对成熟的自由市场体系，排污权交易成功实现了排污资源的优化配置。建立排污权市场机制的主要目的是有效控制排放总量，促进环境保护和经济可持续发展。

3. 推进可持续发展，优化产业结构

百色市长期以来依托其资源优势推动了区域经济的持续增长。然而，随着国家经济发展进入新阶段，资源环境的约束日益凸显，过度依赖资源消耗的经济增长模式亟待转变。因此，百色市必须着力优化产业结构，以实现可持续发展。

首先，通过引入市场机制，推动传统工业结构的优化升级。实施"谁排污谁付费"原则，逐步淘汰技术落后、高耗能的企业，以节能环保为契机，推动企业向绿色、低碳、高效转型。特别是铝产业，作为百色市的支柱产业，应加快转型升级步伐，通过采用先进生产技术，提高铝产品的附加值，将传统铝业提升为精细加工的生态型铝工业，以适应经济发展的新需求。

其次，大力发展特色产业，特别是芒果产业。百色市具备得天独厚的自然环境和气候条件，适宜芒果生长。经过多年的培育和发展，芒果已成为百色市农业的重要支柱。为进一步壮大芒果产业，百色市应合理规划种植区域，扩大种植面积，优化品种结构，研发中、晚熟品种，以满足市场需求。同时，强化芒果产业的品牌建设和市场营销，推动芒果产业向安全、高效、节约的可持续发展方向迈进。

最后，积极培育新兴产业，特别是文化旅游业。百色市拥有丰富的民俗文化旅游、自然生态旅游和红色旅游等独特资源。百色市应依托这些资源优势，建立旅游资源开发的长效机制，推动相关产业的绿色发展。通过加强旅游基础设施建设、提升旅游服务质量、创新旅游产品开发等方式，吸引更多游客前来游览，将文化旅游业打造成为百色市新的经济增长点。同时，百色市应注重工业污水排放的控制和治理，努力实现工业污水排放"零增长"，为当地的绿色发展提供有力保障。

### 12.3.3 提倡公众参与水污染治理

《环境保护公众参与办法（试行）》明确指出，公众参与涵盖了公民、法人及其他组织依法参与环境保护政策制定、执法活动、决策过程及环境守法等公共事务的实践活动。通过制度的不断完善，可以进一步提高环境信息的公开度和透明度，从而赋予公众更大的权利。同时，完善公众参与机制并提升参与者的能力，将对水污染防治工作产生积极而深远的影响，从而有效增强水污染防治效果。

1. 完善开放的环境信息渠道

公众参与水污染治理的基础在于湖泊水环境的管理与监测信息的公

开。新《环境保护法》的有效实施彰显了政府对环境信息公开的重视。随着水污染事件对人们生活的影响日益扩大，环境保护机构及政府相关部门必须采取更加有效的措施，以更优化的方式促进环境信息的公开。

首先，需要完善水资源保护的法律法规体系，逐步构建全面、系统的法律制度。在新《环境保护法》的框架下，百色市应当依法调整环境信息公开的相关法规，确保政府和企业都建立完备的环境信息公开制度，从而消除法律依据不足或相互矛盾的现象。

其次，需要优化环境信息的处理方式。水质监测数据通常具有技术性和复杂性，涉及多方面知识。若检测机构直接将信息公布于网络或报刊中，公众可能因解读不当而产生误解。因此，环境保护部门有责任对环境信息进行整理和总结，确保公众能够准确、及时地了解和判断环境状况。

最后，必须明确处罚措施和责任归属。有关部门应公开超标排放污染物的企业名单，以及积极公开环境信息的企业名单。对于水资源管理机构和环保机构的问责机制，尽管目前尚无法制定全面的政府环境信息公共问责法，但可以在现行《环境保护法》第六十八条的基础上进行完善，明确规定政府环境信息公开的问责方式、问责主体及问责程序。这样的举措将有助于提升公众参与水污染治理的积极性。

2. 完善公众参与机制

首先，应充分利用互联网资源，积极倡导公众参与水污染治理。随着人们生活水平的持续提升，其参与公共事务的意识逐渐觉醒。《中国互联网络发展状况统计报告》数据显示，截至 2021 年 12 月，我国互联网用户数已达 10.32 亿人，较上一年度增长 4 296 万人，互联网普及率高达 73.0%。这表明，绝大多数人通过互联网获取时事信息。因此，在继续沿用专家论证、听证会等传统参与方式的同时，还应借助互联网平台，如微博、政府网站、微信小程序、公众号等，广泛征求公众对水污染治理的宝贵意见和建议。

其次，应拓宽公众参与决策的渠道。通过将公众参与水污染治理决策制度化，让公众明确在不同情境下，可以通过举报、听证、诉讼等多种途径参与决策。明确的参与渠道和程序性规定将有助于确保公众参与的有效性和规范性。

再次，需要完善多元治理的制度规范。当前，多元主体参与环境污染治理的法律制度尚存在不足，企业、政府、公众等主体在水污染治理中的职责与权力也缺乏明确界定。因此，百色市应加快制定保障多元主体参与污染治理的相关制度，确保规范内容明确且具有可操作性。

最后，应给予参与决策的公众适当奖励。这旨在通过合理控制参与成本，对公众参与决策所投入的人力物力进行合理补偿，避免浪费，并鼓励更多人关注并参与环境治理。在完善参与机制的同时，也应关注如何保障公众参与的有效性，让公众的参与真正能够促使水污染治理工作的进步。

3. 培养群众的环保意识

群众的力量是无穷的，群众参与水污染治理的基础是培养群众的环保意识，有群众的支持，水污染治理事半功倍。第一，严抓学校有关环境保护的教育问题。教育是潜移默化的，严抓学校教育是最有远见、最根本的方式。祖国的未来是属于青少年的，青少年群体自身拥有较强的学习能力，又具备较强的好奇心。在理论知识层面，要让青少年深刻认识到水资源保护对人类社会生存和发展的重要性；在实践活动层面，要让青少年直观清晰地了解到水污染的危害，培养他们分析与判断问题的实践能力；在教学方法层面，需要针对不同年龄的青少年因材施教，普及与其能力相一致的环保知识，并不断推进环境保护教育。第二，发展环境保护教育基地。桂林市于2015年设立了农业灌溉排水工程技术研究中心，并被自治区指定为节水教育基地，这是广西第一个节水教育基地。百色市可以此为鉴，因地制宜地建设具有本地特色的环保教育基地，或者是设立水污染治理宣传教育基地，充分利用教育基地开展环境保护、节约用水等教育工作，进而激发人民群众保护水资源的自觉性和主动性，使人们形成合理、节约用水的良好习惯。第三，在社区内开展环境保护教育活动。这些活动需要与各个相关部门，如机关、媒体、社区组织和党委等保持紧密合作，充分发挥它们的作用。在特定的节日，如"世界环境日""地球日"等，组织相关的教育活动，向群众宣传环境保护的法律法规以及政策，旨在提高社区居民的环境保护意识和参与度。第四，污水处理厂、水质检测机构等设施免费开放给群众使用。邀请群众参观试验装备、处理设施设备及检测仪器等，并配合工作人员的现场讲解，使处理工艺和相关知识得以直观展现，从而让群众更深入地领悟水污染所带来的危害以及环境保护的紧迫性。这样的参观体验能够有效地激发群众对环境保护的关注和热情，增强他们的环保意识。

4. 鼓励发展环境保护非政府组织

在具有影响力的公众参与中，组织的角色是不可或缺的。非政府组织作为追求公共目标且独立于政府的公益性实体，已成为新兴的社会力量。在利益竞争的舞台上，组织化的参与往往比个体行动更具效率。非政府组织拥有独特的自主性，因此更容易赢得公众的信任。鉴于此，地方政府应鼓励非政府组织的发展，将其视为市场与政府之外的重要社会工具，使其在环境保护方面发挥积极作用。

首先，非政府组织需要优化其管理体制。现行的《社会团体登记管理条例》对非政府组织的准入提出了明确的规定，这在一定程度上限制了非政府组织的成长。因此，有必要适当降低注册门槛，以便更多专注于环境保护的非政府组织能够合法登记。同时，政府也应减少不必要的行政干预，转而为非政府组织提供正确的引导。

其次，政府应加快制定对非政府组织的扶持政策。这包括制定有利于环保非政府组织发展的税收优惠措施，以及为尚未成熟的非政府组织提供技术、资金和政策等多方面的支持。环保非政府组织自身也应积极寻求发展，通过发起具有特色的公益活动、加大自我宣传力度、组织社会募捐等方式拓宽融资渠道，以满足自身需求并实现公益目标。

最后，非政府组织需要不断提升自身能力。这包括实现组织管理的规范化、广泛招募专业技术人才、加强从业者的服务能力和素质培养，以及持续提高公益活动的质量。通过这些努力，非政府组织可以进一步提升公众信任度，从而更好地发挥其在环境保护和社会公益领域的作用。


# 12.4　百色试验区空气污染治理对策


当前，我国在环境保护的立法以及环保制度的建立上与发达国家的治理策略大致相同，这说明世界各国、各级政府对空气环境保护与污染治理的重视度都很高，并积极采取措施以改善环境。在空气污染治理方面，我国也取得了显著的成效，但还是存在一些问题。本书以百色试验区为例，针对该地区的空气污染治理提出一些治理对策。

1. 完善法律法规，加大执法力度

在现有环境保护制度下，应从以下几个方面完善：一是要提高现行法律法规的可操作性。现行的法律法规对环境违法行为有界定，但是其违法的标准较低，模糊不清，难以解释和操作。法律的生命力主要在于具体实施。这就要求法律着眼于提高标准、严惩不贷，在从严处罚上入手，让违法者和执法机构承受高额的违法成本。若是标准过低，则立法效果将会不如人意；若是惩罚不重，便没有达到惩罚的目的。与此同时，法律应当要明确地规定相关责任人的权力和限制，不应将环境监测执法机构置于无使用权的境地。在这方面，以英国制定和修改法律的方法为参考，其在对《工作场所健康和安全法》进行修订时，多次提高废水排放标准，惩罚中伴有高额罚款；在伦敦市中心设立了许多监控点，警察也被赋予了相应的执法权力，所以轿车尾气排放受到严格控制与监测。

二是关注法律系统化、体系化。当前，中国的环境保护立法在逐步完善，形成了以宪法为核心，综合性的《环境保护法》和《大气污染防治法》，以及各级地方政府所推行的辖区大气污染防治条例等法律体系。在这个基础上，法律制度仍需不断地补充和完善，如重点地区污染控制相关法律规定、跨地区空气污染防治法律规定等。

三是吸收公众意见。保护公众的基本利益是法律的最终目的，以此确保法律法规的公正和平等。在制定和修改有关空气污染防治法律的过程中，公众应该拥有最多的发言权。因此，立法机构必须更加关注人民的问题，通过对调查结果进行广泛分析，获取有效的建议和方法。由立法机构制定和修改的法律法规，只有真正地听取公众的声音，才能更容易被公众理解和接受，才能在生活和生产中得到应用。

2. 处理环境问题执法力度加大

近年来，我国逐渐认识到空气污染治理的重要性，新《环境保护法》的颁布，表明了各项环境法律法规的不断完善，包括对空气污染治理提出了诸多要求，但在执法方面还未达到预期。围绕空气污染治理的工作不可避免地涉及部分人的个人利益，并面临较大的阻力。例如，一些冶金车间、私人煤矿等避开环保部门的检查，拒绝配合安装清洁装置。这说明开展环境保护工作是艰巨且复杂的。

当前，在解决环境污染的具体问题上，执法力度仍然不够，人性化执法、灵活执法问题比较突出。这会导致部分污染企业未承担空气污染治理的责任，也没有技术减排和实施清洁生产的压力。因此，百色试验区在空气污染治理工作中，必须做到严格执法，进一步加大执法力度，严格按照有关法律法规的要求执行。一方面，要注重执法队伍的建设，根据空气污染防治工作的需要，定岗定编，适当扩大空气污染防治的队伍。另一方面，在空气污染防治小组成员的配备上，应挑选精干人才，并注意评估工作人员在岗位上的能力，以保证执法队伍在个人素质、专业能力和学历方面的良好匹配。同时，要根据需求，有目的性地制定培训计划，确保培训方式和培训时间更为合理化，并最大限度地提高执法人员的业务水平。另外，执法队伍建设需要相应地建立问责机制，提高执法人员对执法工作的认识以及能力的建设，通过问责机制限制执法人员的行为，保证执法人员行为的合法性。

此外，还要注意改善执法机构的装备。开展空气污染防治工作需要执法机构具备良好的检测装置，这样才能够准确、实时地对企业排放的各类污染物进行检测，为执法人员开展工作提供现实的依据，从而提高执法水平。通过协调一致的产业发展策略、城市建设布局规划以及能源结构调整方案，结合有效的污染防治技术措施，能够最大限度地发挥环境的自净能力，从而实现空气质量的显著提升。大气的持续运动导致一个地区出现空气污染问题，很快就可能导致另一个地区出现空气污染问题，因此跨区域联合治理十分重要。事实上，大气污染防治工作的开展是一个跨区域合作的综合问题，为了更好地解决大气污染问题，需要不同区域建立联合控制机制。例如，德国鲁尔区的处理流程是联合治理的典型案例。

空气污染防治工作的开展，不能仅仅依靠一个地区、一个城市的治理，百色试验区与南宁、河池、崇左三个城市毗邻，在空气污染治理工作上是难分彼此的，一旦有城市的空气受到污染，百色试验区也会深受其害。当前，百色试验区尚未与其他城市建立起空气污染防治的联动机制，因此，在空气污染治理方面尚未形成合力，无法联合治理空气污染，百色市必须重新审视空气污染治理工作的艰巨与复杂，连同周边地区开展工作，切实提高空气质量。因此，在空气污染治理问题上，百色试验区需要协同周边城市建立一个跨区域空气污染治理小组，共同解决空气污染问题，对区域内的空气污染防治工作全权负责。跨区域空气污染治理小组需要将地区之间的工作分配好，制定好污染通报以及信息沟通流程，一旦发生空气污染问题，能够快速反应过来，第一时间处理好问题，切实发挥联防联治的作用。

完善百色试验区跨区域大气污染治理机制的关键是明确跨区域空气污染治理小组的权限和地位，赋予其协调不同区域大气污染治理的权限，建立全面合作和长期治理的机制。跨区域空气污染治理小组可在政府的直接领导下开展工作，其成员应覆盖各市和相关部门的主要负责人，以便更好地开展跨地区大气污染治理工作。

3. 完善财税奖惩机制

减少百色试验区空气污染的一个重要手段——科学地设计财税机制。奖惩功能是财税机制本身所具有的一个重要功能，可以有效引导企业在实现其自身利益最大化的情况下尽可能地减少空气污染物的排放。

根据外部性理论，如果大气污染物排放的成本和效益不相等，从客观上来说就会使企业的排污行为进一步增加。因此，在设置税收机制时，最重要的是要妥善解决排污行为对企业的外部性影响，必须对那些排放大量污染物、节能减排不达标的企业采取有效措施，具体而言，应当适当提高这些企业的纳税税率，并加收排污处理费用，以此来增加它们因空气污染而产生的经济成本，给那些污染环境的企业带来更大的压力。对于税负较高的环境污染企业来说，有两条路可以走：一是追求技术进步、业务转型，以减少污染物排放；二是运营成本压力剧增，最后企业破产。这两种方法都能够减少空气污染物的排放。

财税奖惩自身存在临界点，百色市试验区的财税奖惩机制需要科学、系统地设计。在临界点以下，如果企业获得的奖金与其排污收入相比微不足道的话，则该奖金对企业没有任何的吸引力，因此企业没有减少空气污染物的动力；同样，如果处罚的力度过小，企业排污所得利润远远大于罚款金额，那么这个处罚对于企业排污的限制力度就会减弱。

从以上分析可以看出，对于百色市来说，需要更加重视科学的奖惩设置，为企业的排污行为提供更好的奖惩激励和约束力，进而减少空气污染物的排放，达到环境保护的目的。对政府提倡发展的信息产业、高新技术产业、循环经济、绿色产业等，应当科学地利用财税机制给予企业一定的指导和支持。例如，可以适当地增加财税投入，引导投资流向更为先进的行业，从而优化行业结构；对于绿色产业，可以降低其所得税税率，为其提供信贷优惠等。

总的来说，完善财税奖惩机制需要充分考虑环境保护与经济发展的关系，科学地建立财税奖惩机制是十分关键的，通过建立起绿色信贷和税收制度，运用经济杠杆减少空气污染物的排放。

4. 产业结构的持续优化与升级

百色试验区的产业结构升级是空气污染治理过程中需要重视的一个问题。通过对百色试验区的经济发展水平进行分析和调查发现，百色试验区占比较高的产业依旧是粗放型产业，并且新兴的集约型产业占比较低。传统落后产业的长久经营对于环境保护来说具有较大压力，新兴科技产业通过技术创新，以及使用清洁生产设备，对环境的污染相对更低。因此，百色试验区需要重视产业结构的优化与升级。

百色试验区铝矿资源丰富，铝产业的发展前景向好。因此，百色试验区可以优先发展铝产业、新材料产业、节能环保产业等。从产业范畴来看，重点是大力发展新材料、高端机械制造、医药科技、电子信息、智能电器等科技产业。这些产业的技术水平较高，更加有利于刺激经济。而且这些新兴产业对环境的污染不大，因此在工业园区建设和吸引投资方面，必须把重点放在它们的发展上。政府应积极打造示范产业，通过示范产业带动相关产业发展，发挥好产业示范的作用，并积极在科技产业发展的各个方面给予支持。此外，百色试验区要以技术进步为落脚，以绿色生产和清洁生产为主要生产手段，推动传统产业发展到产业链高端。

我国正处于产业结构调整、经济转型的重要时期，产业结构转型升级是一项复杂的、系统的工作。因此，百色试验区必须与国家发展战略紧密相连，为持久的努力做好准备，制定完善的计划。百色试验区应重点发展四大工业产业，分别是铝产业、新材料、节能环保、生物医药，鼓励发展新支柱产业——现代林业，同时要建设四个现代服务业——金融服务业、健康产业、数字产业、现代物流业。地方政府需要加强合作，充分使用优势互补的效益，从地区大局与未来发展的层面出发，规划产业结构的优化升级，寻找使区域产业结构平稳发展的途径。

5. 提升社会的环境保护意识

百色试验区的空气污染治理最需要的是公众的广泛参与，个人和组织的力量是渺小的，群众的力量才是不可估量的。从发达国家治理大气污染的实践情况来看，空气污染防治是全体民众的共同努力，因为政府力量是十分有限的，单纯地依靠单一的政府管理模式很难达到治理空气污染的目的。提高全社会的环境保护意识，能促进公众参与其中。

百色试验区应该从公众参与的视角出发，注重依靠公众、激励公众、动员公众，树立环保和生态文明的发展理念，采用各式各样的宣传手段，给群众灌输生态优先发展的思想，使广大干部群众能够在耳濡目染中接受生态优先发展的思想。人与自然的关系不应该是单纯地索取和被索取、征服和被征服的关系，二者应该是和谐发展与共同生存的关系。有关部门应广泛报道大气污染问题，通过报纸、电视、网络等媒体传播空气污染治理对社会、群众的重大意义，发行一系列专题影片，举办一系列研讨会等，让群众能够更多地了解空气污染的危害，深刻理解空气污染治理工作开展的重要性以及必要性，了解个人在保护环境过程中的基本作用，从而更加明确自己的应承担的责任和义务。只有提高全社会的环境保护意识，公众才会意识到自己在大气污染防治方面的权利和义务，公众才会积极为大气环境保护和污染防治作出贡献。

6. 将大气污染治理成果纳入政绩考核

政府在大气污染治理方面缺乏动力的原因是政绩考核没有在环境治理方面的指标或环境治理指标较低。当前，中国主要以经济建设作为地方政府政绩考核的要点，地方政府以经济增速、经济总量等为主要的政绩追求。在此背景下，百色试验区主要以经济建设作为地方政府工作的核心，因此在招商引资的过程中，容易忽视对生态环境造成的影响。

因此，百色试验区应积极建立绿色 GDP 绩效考核评价体系。社会、环境、经济等效益指标是绿色 GDP 绩效考核的一级评价指标，每一个一级指标又分为若干个二级指标，具体如表 12.1 所示。这种评价指标体系，有利于地方政府工作人员在发展的过程中，兼顾环境保护、社会发展与经济发展之间的关系，进一步落实可持续发展。将污染治理纳入政绩考核的实质是政府对于企业社会责任规制职责、政府环保职责落实的表现，使地方政府可以更好地认清环境保护与经济发展之间的关系，助力政府充分统筹环境保护与经济发展之间的关系，做到既要"金山银山"，更要"绿水青山"，有压力才能更有动力开展大气污染治理方面的工作。

**表 12.1 绿色 GDP 绩效考核评价指标**

| 评价指标体系 | |
| --- | --- |
| 一级指标 | 二级指标 |
| 经济效益 | 经济规模 |
| | 经济速度 |
| | 经济结构 |
| | 经济质量 |
| 社会效益 | 财富状况 |
| | 生活质量 |
| | 生活水平 |
| | 人口指标 |
| 环境效益 | 资源储备状况 |
| | 资源使用状况 |
| | 资源保护状况 |
| | 资源改善状况 |

百色试验区需要把生态文明建设渗透到经济社会发展的各个方面,美化自然、保护自然,在发展经济的过程中,落实环境保护,实施绿色可持续发展理念,发展经济的同时也要兼顾生态环境,不能以损害环境为代价进行经济发展。

# 13　研究结论与展望

　　百色试验区的建设对于广西来说具有重要的意义，有助于推进共建"一带一路"倡议走深走实，是一个促进沿边开发开放进程、形成全新开放格局的重要措施；对于中国与东盟十国在政治、经济、文化、科学技术等领域的合作具有促进作用，进而能够加快中国—中南半岛经济走廊的建设进度；有助于在西南地区形成新的增长极，从而促进西部大开发新局面的形成；有利于振兴左右江革命老区的经济发展，维护生态环境建设；有助于加快边境地区的城乡建设进程，促进边境地区保持稳定、兴盛与繁荣。百色试验区要充分利用自身的地理位置优势，将其对中国—东盟合作尤其是对中越合作的优势发挥出来，提倡创新现有的机制体制，提高基础设施的互联互通水平，进一步促进产业之间的深度合作，建成高质量的沿边开放型经济体制，推动边境地区的经济发展，持续推动生态环境恢复工作和跨境合作，推动人文交流合作，努力把百色试验区建设成为我国与东盟国家交流与合作的重要平台、辐射周边经济发展的重要引擎、生态文明建设的示范区。

　　当前，要把百色试验区打造成西南地区新的增长极，这对于该地区的环境保护提出了更高的要求。百色试验区作为广西对外开放的重要门户，其经济发展和环境保护更是受到政府和社会公众的关注。近年来，百色试验区的经济保持着比较快的增长速度，在主要的经济指标上也都往着好的方向发展，同时在经济快速增长的背景下，当地的空气污染也得到了较好的治理，但是环境保护是一场持久的攻坚战，在任何时期都不能松懈。百色试验区的经济主要依靠粗放型经济实现增长，经济总量增长意味着能源的消耗与浪费，也会导致空气污染物、水污染物、土壤污染物的排放，从而形成恶性循环。

面对环境污染问题，百色试验区需要严格贯彻落实两型社会建设的具体要求，全面分析把握当前环境污染治理方面的问题所在，并借鉴其他国家环境污染治理方面的经验，制定切实可行的污染治理策略，从而尽快解决污染问题。

第一，将污染治理纳入政绩考核；第二，完善财税奖惩机制。上述两项工作每一项都不可或缺，必须做到齐头并进，任何一个方面的缺失或者薄弱都会严重地影响到污染治理效果。当然，在污染治理的不同时期，工作重心也是不同的，因此各项工作的开展也要注意做到重点突出。同时各项污染治理策略需要根据实际需要进行不断的调整，切忌闭门造车，不思变化，要借鉴其他国家在该方面的成功经验以及学者的相关研究成果，深入分析这些企业的经验做法，然后根据自身的情况进行调整，确保大气污染治理策略更加有效。

# 参考文献

［1］夏欣. 东北地区环境规制对经济增长的影响研究［D］. 长春：吉林大学，2019.

［2］章轲. "十四五"生态环境保护：污染防治与应对气候变化的"双轨制"［J］. 中华环境，2021（1）：31-36.

［3］黄润秋. 国务院关于2021年度环境状况和环境保护目标完成情况的报告［J］. 环境保护，2022，50（8）：8-11.

［4］陈路. 环境规制、技术创新与经济增长［D］. 武汉：武汉大学，2017.

［5］董邦俊. 环境保护检察专门化之新时代展开［J］. 法学，2022（11）：135-153.

［6］靳铭. 深刻认识建设现代化经济体系的战略目标［J］. 西北工业大学学报（社会科学版），2018（2）：1-8.

［7］李英，胡佳欣. "碳达峰、碳中和"两会精神对我国电力行业发展的影响［J］. 大众用电，2021，36（3）：10-11.

［8］张定鑫，张卓文. 中国绿色发展问题的哲学思考［J］. 江西社会科学，2022，42（4）：187-195，208.

［9］朱庭芳. 环境规制对企业技术进步的影响［D］. 南京：南京大学，2020.

［10］黄宜. 工业化进程中能源消费碳排放演变规律研究［D］. 昆明：昆明理工大学，2014.

［11］殷宝庆. 环境规制与技术创新［D］. 杭州：浙江大学，2013.

［12］胡建辉. 环境规制对产业结构调整的倒逼效应研究［D］. 北京：

中央财经大学，2017.

[13] 黎兴. 中国战略性新兴产业集聚对碳排放强度的影响研究 [D]. 重庆：重庆工商大学，2023.

[14] 董邦俊. 环境保护检察专门化之新时代展开 [J]. 法学，2022 (11)：135-153.

[15] 余佳庆. 我国环境治理体系中企业绿色技术创新的影响机制研究 [D]. 太原：山西财经大学，2022.

[16] 陈苗. 环境规制对中国经济绿色增长的影响研究 [D]. 长春：吉林大学，2021.

[17] 刘颖. 双重环境规制对技术进步与产业结构升级的影响研究 [D]. 济南：山东大学，2021.

[18] 张子慧. 环境规制和能源价格对能源效率的影响研究 [D]. 南京：南京理工大学，2021.

[19] 白银珍. 环境规制、技术进步对绿色经济增长效率的影响研究 [D]. 兰州：甘肃政法大学，2021.

[20] 崔成军. "一带一路"背景下中韩经贸合作研究 [D]. 延边：延边大学，2020.

[21] 孙维谦. 环境规制对内蒙古自治区经济发展的影响研究 [D]. 延边：延边大学，2020.

[22] 唐公鹏. 环境规制、技术创新对经济增长质量的影响研究 [D]. 大连：东北财经大学，2019.

[23] 田翠香，李蒙蒙. 环境规制影响企业技术创新及其绩效的研究综述 [J]. 财务与金融，2015 (6)：90-94.

[24] 张协奎，唐文倩，于保成. 双循环背景下广西百色重点开发开放试验区发展对策研究 [J]. 市场论坛，2022 (9)：1-7.

[25] 佚名. 环境部敲定"十四五"生态环保规划十大政策着力点 [J]. 给水排水，2020，56 (12)：141.

[26] 黄云艳. 多中心治理视角下百色市水污染治理研究 [D]. 南宁：广西大学，2018.

[27] 王靖雯，李崇，邓雪莲. 推动龙江沿边口岸经济发展经验借鉴 [J]. 黑龙江金融，2023 (5)：28-31.

[28] 刘芬. 先行先试为国家沿边开放做出示范 [N]. 德宏团结报, 2022-07-31 (8).

[29] 李光辉, 程仕杰. 我国沿边重点开发开放试验区建设：成就、问题与策略 [J]. 国际贸易, 2022 (7)：23-29, 38.

[30] 管毓树. 十年铸一剑瑞丽试验区辉煌腾飞 [N]. 云南日报, 2022-07-20 (6).

[31] 李文锋. 新疆塔城文旅融合发展机制研究 [J]. 产业与科技论坛, 2020, 19 (9)：18-19.

[32] 丁侨一. 中蒙俄经济走廊的贸易互补性分析 [J]. 经济研究导刊, 2016, (26)：140-142, 150.

[33] 李晓江. 喀什经济开发区与东兴、瑞丽、满洲里重点开发开放试验区比较研究 [J]. 实事求是, 2016 (5)：44-47.

[34] 杨如如. FDI 对珠江三角洲地区环境污染的影响效应分析 [D]. 广州：暨南大学, 2012.

[35] 弓瑞琼, 彭钢, 王和林. 经济增长与环境质量相关性的实证研究：以重庆市为例 [J]. 宜宾学院学报, 2010, 10 (3)：75-78.

[36] 潘厉. 国际贸易、FDI、经济增长与环境变化关系研究 [D]. 宁波：宁波大学, 2008.

[37] 彭水军, 包群. 经济增长与环境污染：环境库兹涅茨曲线假说的中国检验 [J]. 财经问题研究, 2006 (8)：3-17.

[38] 毕芳荣. 文化自信视域下生态文化管理与经济发展策略 [J]. 中国管理信息化, 2024, 27 (5)：176-179.

[39] 于英明. 绿色施工管理理念下如何创新建筑施工管理分析 [J]. 新城建科技, 2023, 32 (24)：48-50.

[40] 陆旸. 将人口红利转向人才红利, 通过教育改革推动人口高质量发展 [J]. 工信财经科技, 2023 (4)：9-12.

[41] 翟冠雄. 数字金融对重污染企业环境成本的影响研究 [D]. 保定：河北金融学院, 2023.

[42] 李佳佳, 郭雅娟, 刘嘉彤. 环境规制、外商直接投资与环境污染：基于中国城市面板数据的实证分析 [J]. 经济问题, 2022 (12)：45-52.

[43] 谢孟祥. 《区域全面经济伙伴关系协定》"绿色发展"条款规范

研究［D］. 武汉：中南财经政法大学，2022.

［44］徐菁鸿. 环境规制的技术创新效应及其异质性研究：基于中国271个城市数据的实证检验［J］. 生态经济，2020，36（1）：154-160.

［45］李小明. 大数据与环境规制对绿色经济增长影响［D］. 重庆：重庆大学，2021.

［46］赵鑫. 资源依赖视角下环境规制对中国绿色经济增长的影响研究［D］. 福州：福建师范大学，2021.

［47］孙玉阳. 环境规制对绿色经济增长影响研究［D］. 沈阳：辽宁大学，2020.

［48］唐馨怡. 成渝双城经济圈环境规制对绿色全要素生产率影响研究［D］. 成都：西南财经大学，2023（4）.

［49］李红玥，曹婷婷. 环境规制影响绿色经济发展的机制与效应分析［J］. 营销界，2022（20）：32-34.

［50］马睿卓. 技术创新对我国区域绿色经济增长的影响研究［D］. 成都：四川师范大学，2022（1）.

［51］尹浙霖. 制造业与生产性服务业协同集聚对碳排放强度的影响研究［D］. 沈阳：辽宁大学，2022（3）.

［52］魏鹏. 环境规制对区域生态福利绩效的影响研究［D］. 乌鲁木齐：新疆农业大学，2022（3）.

［53］程永生. 农业社会化服务对于绿色全要素生产率的影响研究［D］. 合肥：安徽大学，2022.

［54］胡瑞倩. 环境规制对物流业绿色全要素生产率的影响研究［D］. 天津：天津财经大学，2022（4）.

［55］秦岚. 声誉激励下日本公司绿色转型研究［D］. 天津：天津财经大学，2021.

［56］罗雨森. 环境规制对中国绿色全要素生产率增长的影响效应研究［D］. 镇江：江苏大学，2021（1）.

［57］张婷玉. 环境规制对企业绿色创新的影响研究［D］. 石家庄：河北地质大学，2022（10）.

［58］安同良，千慧雄. 中国企业 R&D 补贴策略：补贴阈限、最优规模与模式选择［J］. 经济研究，2021（16）：122-137.

[59] 德鲁克. 管理的实践 [M]. 北京：机械工业出版社，2009.

[60] 曹鸿杰，卢洪友，潘星宇. 地方政府环境支出行为的空间策略互动研究：传导机制与再检验 [J]. 经济理论与经济管理，2020（14）：55-68.

[61] 陈浩，刘培，许佩. 城市绿色全要素生产率演变机制研究：基于城市能源与土地要素约束的视角 [J]. 中国人口·资源与环境，2020，30（9）：13.

[62] 陈邱惠，徐现祥. 全球视野下的稳增长：第二次世界大战以来的增长目标与政府支出 [J]. 经济学（季刊），2021（2）：405-426.

[63] 陈诗一，陈登科. 雾霾污染、政府治理与经济高质量发展 [J]. 经济研究，2018，53（2）：15.

[64] 陈诗一，武英涛. 环保税制改革与雾霾协同治理：基于治理边际成本的视角 [J]. 学术月刊，2018，50（10）：20.

[65] 程中华，金伟. 财政分权影响中国经济绿色增长吗？[J]. 财贸研究，2021，32（3）：69-84.

[66] 崔广慧，姜英兵. 环境规制对企业环境治理行为的影响：于新《环保法》的准自然实验 [J]. 经济管理，2019，41（10）：19.

[67] 姜黎明. 环境规制对工业绿色全要素生产率的影响机制研究 [D]. 济南：齐鲁工业大学，2023（3）.

[68] 陈淑仪. 政府环境治理对经济高质量发展的影响探析 [D]. 成都：西南财经大学，2023（4）.

[69] 侯溢溢. 经济增长目标对区域经济高质量发展的影响研究 [D]. 西安：长安大学，2023.

[70] 高波. 发展经济学 [M]. 南京：南京大学出版社，2017.

[71] 兰宗敏，关天嘉. 完善中国区域环境规制的思考与建议 [J]. 学习与探索，2016（2）：7.

[72] 涂正革，周涛，谌仁俊，等. 环境规制改革与经济高质量发展：基于工业排污收费标准调整的证据 [J]. 经济与管理研究，2019，40（12）：19.

[73] 李光勤，刘莉. 环境规制、财政分权与中国绿色经济效率 [J]. 华东经济管理，2018，31（1）：7.

[74] 花蕊. 碳排放权交易政策对绿色全要素生产率影响的实证研究 [D]. 蚌埠：安徽财经大学，2023 (2).

[75] 祁佳峰. 异质性环境规制与政府竞争对城市绿色全要素生产率的空间影响研究 [D]. 桂林：桂林电子科技大学，2023.

[76] 刘薇薇. 绿色金融政策对企业全要素生产率的影响研究 [D]. 济南：山东大学，2023 (1).

[77] 刘娇艳. 数字金融对我国经济绿色增长的影响研究 [D]. 成都：西南财经大学，2023 (4).

[78] 陈素梅，何凌云. 环境、健康与经济增长：最优能源税收入分配研究 [J]. 经济研究，2017，52 (4)：15.

[79] 董直庆，蔡啸，王林辉. 技术进步方向、城市用地规模和环境质量 [J]. 经济研究，2014，49 (10)：14.

[80] 董直庆，王辉. 环境规制的"本地—邻地"绿色技术进步效应 [J]. 中国工业经济，2019 (1)：19.

[81] 范丹，孙晓婷. 环境规制、绿色技术创新与绿色经济增长 [J]. 中国人口·资源与环境，2020，36 (6)；11.

[82] 范庆泉，张同斌. 中国经济增长路径上的环境规制政策与污染治理机制研究 [J]. 世界经济，2018 (8)：22.

[83] 范庆泉，环境规制、收入分配失衡与政府补偿机制 [J]. 经济研究，2018，53 (5)：14.

[84] 封福育. 环境规制与经济增长的多重均衡：理论与中国经验 [J]. 当代财经，2014 (11)：11.

[85] 郝颖，辛清泉，刘星. 地区差异、企业投资与经济增长质量 [J]. 经济研究，2017 (3)：101-114.

[86] 刘伟，薛景. 环境规制与技术创新：来自中国省际工业行业的经验证据 [J]. 宏观经济研究，2015 (10)：72-80.

[87] 石华平，易敏利. 环境规制与技术创新的帕累托最优区域研究：基于中国：35 个工业行业面板数据的经验分析 [J]. 软科学，2019 (9)：40-45.

[88] 石华平. 环境规制、技术创新与高质量发展 [D]. 成都：西南财经大学，2020.

[89] AIKEN D V, PASURKA C A. Adjusting the measurement of US manufacturing productivity for air pollution emissions control [J]. Resource and Energy Economics, 2003, 25 (4): 329-351.

[90] HORBACH J. Determinants of environmental innovation - new evidence from German panel data sources [J]. Research Policy, 2006, 37 (1): 163-173.

[91] PHILIPPE B, PERELMAN S. Sulphur emissions and productivity growth in industrialised countries [J]. Annals of Public and Cooperative Economics, 2005, 7 (6): 2

[92] BEERS C A, FREY R L. An empirical multi - country analysis of the impact of environmental regulations on foreign trade flows [J]. Kyklos, 1997 (1).

[93] CRIQUI P, MIMA S, VIGUIER L. Marginal abatement costs of $CO_2$ emission reductions, geographical flexibility and concrete ceilings: an assessment using the poles model [J]. Energy Policy, 1999 (10): 585-601.

[94] DASGUPTA S, LAPLANTE B, MAMINGI N, et al. Inspections, pollution prices, and environmental performance: evidence from China [J]. Ecological Economics, 2001 (3).

[95] DASGUPTA S, LAPLANTE B, WANG H, et al. Confronting the environmental kuznets curve [J]. The Journal of Economic Perspectives, 2002.

[96] DOMAZLICKY B R, WILLIAM W L. Does environmental protection lead to slower productivity growth in the chemical industry? [J]. Environmental and Resource Economics, 2004, 28 (3): 301-324.

[97] ALTENBURG T, SCHMITZ H, STAMM A. Breakthrough? China's and India's transition from production to innovation [J]. World Development, 2008 (36): 325-344.

[98] BURTON D M, GOMEZ I A, LOVE H A. Environmental regulation cost and industry structure changes [J]. Land Economics, 2011, 87 (3): 545-557.

[99] LEE G, BRANSTETTER. Are knowledge spillovers international or intranational in scope? [J]. Journal of International Economics, 2001 (1).

[100] BRUNNERMEIER S B , COHEN M A . Determinants of environmental innovation in US manufacturing industries [J]. Journal of Environmental Economics and Management, 2003, 45 (2): 278-293.

[101] DASGUPTA S , MODY A , ROY S , ET AL. Environmental regulation and development: a cross-country empirical analysis [J]. Oxford Development Studies, 2001 (2).

[102] DASGUPTA S , LAPLANTE B , MAMINGI N , et al. Inspections, pollution prices, and environmental performance: evidence from China [J]. Ecological Economics, 2001 (3).

[103] DOSI G , MARSILI O , SALVATORE O R . Learning, market selection and the evolution of industrial structures [J]. Small Business Economics, 1995, 7 (6): 411-436.

[104] FELDMAN M P , KELLEY M R. The ex ante assessment of knowledge spillovers: Government R&D policy, economic incentives and private firm behavior [J]. Research Policy, 2006, 35 (10): 1509-1521.

[105] PEUCKERT, JAN. What shapes the impact of environmental regulation on competitiveness? Evidence from Executive Opinion Surveys [J]. Environmental Innovation and Societal Transitions, 2014, 10: 77-94.

[106] JOHNSTONE N , MANAGI S , RODRIGUEZ M C, ET AL. Environmental policy design, innovation and efficiency gains in electricity generation [J]. Energy Economics, 2017, 63: 106-115.

[107] AMIRI H , SAMADIAN F , YAHOO M , ET AL. Natural resource abundance, institutional quality and manufacturing development: Evidence from resource-rich countries [J]. Resources Policy, 2018 (62).

[108] ANDERSEN, DANA C. Accounting for loss of variety and factor reallocations in the welfare cost of regulations [J]. Journal of Environmental Economics and Management, 2020, 88: 69-94.